부자 나라들이
가난한 사람들을
도와야 하는가

부자 나라들이
가난한 사람들을
도와야 하는가

데이비드 흄 David Hulme 지음
박형신 옮김

Should

Rich

Nations

Help

the

Poor?

한울
아카데미

추천의 글

"데이비드 흄은, 개인적이지만 전문가의 입장에서, 지중해로 시신이 밀려오는 것을 막으려 하기보다는 빈곤을 퇴치할 것을 열정적으로 간청하고 있다. 이제 지구가 하나로 연결된 상황에서, 우리가 여전히 빈곤의 정의와 자선의 가치를 놓고 논쟁할 수는 있지만, 부유한 서구가 전염병, 마약 밀매, 기후 악화 및 테러리즘에 대처하는 방식에 서구의 자기 이익 추구가 자리하고 있었다는 것을 더 이상 부정할 수 없다. 이 책은 왜 현 상황을 바꾸어야 하는지를 역설한다."

— 토머스 G. 와이스(Thomas G. Weiss), 뉴욕 시립대학교 대학원

"이 빼어난 작은 책은 대외 원조에 대한 현재의 논쟁을 간결하게 개관하면서 쟁점이 되어야 하는 것은 원조 자체가 아니라 원조의 형태와 내용이라고 주장한다. 이 책은 광범위한 문헌을 정리하면서 무역과 환경 같은 새로운 지평을 향해 나아갈 하나의 중심축을 제안한다. 이 주장은 시민사회와 정책 입안자를 포함하여 광범위한 독자들이 쉽게 이해할 수 있는 방식으로 전개된다."

— 라비 칸부르(Ravi Kanbur), 코넬 대학교 찰스다이슨 응용경제경영대학

"국가가 서로 고도로 통합되었지만 점점 더 불평등해지는 시대에 모든 사람이 다 '잘살 수' 있게 하는 것보다 더 중요한 문제는 없다. 그렇다면 이 과제를 어떻게 달성할 수 있을까? 흄이 조심스럽게 주장하듯이, 대외 원조 프로그램은 정치적 동맹국에 조건을 붙여 지원하고 국내 정치에 대해서는 무관심했던 종래의 패러다임에서 부자 나라, 부상하고 있는 나라, 쇠퇴하고 있는 나라 모두의 국가 간 관계와 국내 관계가 구조화되는 방식에 초점을 맞추는 패러다임으로 바뀌어야 한다. 전 세계의 일반 시민들과 개발 전문가들은 이러한 문제들과 맞서 싸울 필요가 있다. 그들은 흄의 책에서 열정적이면서도 교훈적인 하나의 지침을 발견할 수 있을 것이다."

— 마이클 울콕(Michael Woolcock), 세계은행과 하버드 대학교

"그냥 빈곤을 다루는 것이 아니라 우리 모두가 왜 빈곤에 관심을 가져야 하는지를 살펴보는 글로벌 빈곤에 관한 시의적절한 책이다. 21세기의 지구화된 경제는 지속 가능한 발전을 위한 글로벌 파트너십의 구축을 뒷받침할 규범적 토대를 마련할 필요가 있다."

— 사키코 후쿠다-파(Sakiko Fukuda-Parr), 뉴욕 뉴스쿨 대학교

차 례

감사의 말

맨체스터 대학교의 글로벌 개발 연구소Global Development Institute: GDI — 이전에는 개발 정책 및 경영 연구소Institute for Development Policy and Management와 브룩스 세계 빈곤 연구소Brooks World Poverty Institute로 알려져 있던 — 에서 함께 일하는 학문의 동료와 연구원들은 내게 이 에세이의 배후에 있는 지적 기반을 제공하고 나를 학문적으로 거듭 자극했다.

특히 전체 원고의 초고를 읽고 가치 있는 조언을 해준 동료들 — 토니 베빙턴Tony Bebbington, 댄 브로킹턴Dan Brockington, 크리스 조던Chris Jordan, 소피 킹Sophie King — 에게 감사의 말을 전한다. 분석에 전문적인 지침을 제시해 준 동료들 — 니콜라 뱅크스Nicola Banks, 아르만도 바리엔토스Armando Barrientos, 아모스 치모우Admos Chimhowu, 샘 히키Sam Hickey, 하이너 야누스Heiner Janus, 우마 코사리 Uma Kothari, 파비올라 미에레스Fabiola Mieres, 제임스 스콧James Scott, 쿠날 센Kunal Sen, 로든 윌킨슨Rorden Wilkinson, 파블로 양구아스 길

8 부자 나라들이 가난한 사람들을 도와야 하는가

Pablo Yanguas-gil 一 에게도 감사를 표한다.

GDI의 '진행 중인 연구Work-in-Progress'를 대상으로 하는 세미나에서 박사과정 학생들이 내놓은 논평과 조언도 작업에 큰 도움이 되었다. GDI에서 일하는 나의 개인 조교인 데니스 레드스턴Denise Redston은 (평소와 같이) 수많은 일을 수행하여 이 책을 완성할 수 있게 해주었다. 다시 한번 큰 감사의 마음을 전한다.

나는 폴리티 출판사Polity Press의 루이즈 나이트Louise Knight에게 큰 빚을 지고 있다. 그는 이 책의 구상자였으며, 이 책을 위해 훌륭한 지침을 제시하고 사려 깊은 논평을 해주었고, 이 책이 시작될 때부터 마무리될 때까지 나를 열성적으로 격려했다. 루이즈의 폴리티 동료인 네카네 다나카 갈도스Nekane Tanaka Galdos와 파스칼 포르셰론Pascal Porcheron은 원고 제출과 책의 제작 과정에서 나를 지원해 주었다. 저스틴 다이어Justin Dyer는 텍스트를 원본보다 훨씬 읽기 쉬운 형태로 편집해 주었다.

마지막으로 UN 기관의 수장들에서부터 탄자니아의 NGO 현장 활동가들과 방글라데시의 가난한 여성들에 이르기까지 수많은 사람에게 진심으로 감사의 마음을 전한다. 그들은 내가 지난 몇 년 동안 '하나의 세계'에 산다는 것이 무엇을 의미하는지를 이해하는 데 도움을 주었다.

제1장

왜 우리는
멀리 떨어져 있는 가난한 사람들을 걱정하는가

부자 나라와 그 시민들은 매우 불평등한 세상에서 사는 것이 낳는 결과들을 점점 더 많이 경험하고 있다. 그러한 결과 가운데 많은 것 ─ 예를 들면 중국산 값싼 정원 설비, 방글라데시산 세련된 저가 의류, 그리고 적당한 가격의 경유 ─ 은 그들에게는 유익하다. 하지만 불리한 면도 있다. 북유럽의 휴가객들은 난민들이 몸을 씻는 모습이 자신들의 흥을 깬다는 이유로 몇몇 지중해 해변을 피하고 있다. 유럽 본토에서는 늘어나는 이주민과 난민들이 점점 더 많이 유입되면서 긴장감이 심해지고 있다. 이러한 긴장감은 영국과 프랑스가 칼레Calais 주변의 이주민 수용소를 놓고 논쟁을 벌여온 서부에서부터 유럽연합 국가들과 비유럽연합 국가들이 새로운 철의 장막을 치고 있는 동부까지 펼쳐져 있다.

한편 내가 멕시코에서 미국까지 마지막 여행을 하고 있을 때

티후아나Tijuana 국경통제소를 통과하기 위한 줄이 1마일도 넘게 구불구불하게 서 있었다. 풍요로운 세계에 그렇게도 많은 빈곤과 불평등이 존재한다는 것은 부자 나라와 그 시민들이 멀리 떨어져 있는 가난한 사람들과 어떻게 관계를 맺을지에 대해 고민하지 않을 수 없다는 것을 의미한다.

최근 몇 년간 극심한 빈곤은 크게 줄었지만, 빈곤이 근절되려면 아직도 멀었다. 거의 30억 명의 사람이 인간의 기본 욕구 중 적어도 하나를 박탈당하고 있다. 그들은 교육 ─ 그리고 존엄성 ─ 은 말할 것도 없고 음식, 식수, 숙소, 기본적인 의료 서비스에도 접근할 수 없다. 지난밤 약 8억 명이 굶주린 채 잠들었고, 10억 명은 야외에서 배변해야 하는 수모를 겪었다. 더욱 충격적인 것은 오늘날 1만 9000명의 어린아이가 쉽게 예방할 수 있는 원인으로 사망하는 것으로 추정된다는 것이다. 매일 5초마다 죽지 않아도 될 어린아이 한 명이 죽고 있다.

우리의 조부모, 그리고 어쩌면 우리의 부모는 그러한 상황을 받아들일 수 있었을 것이다. 그들은 모든 인간에게 제공할 충분한 자원(그리고 기술과 조직)이 없다고 믿었다. 그러나 오늘날 우리는 그러한 변명을 할 수 없다. 우리는 풍요로운 세계에 살고 있다. 우리의 농업체계는 우리 70억 명 모두를 먹여 살리기에 충분한 식량을 생산한다. 저렴한 의약품, 기본적인 보건 서비스, 그리고 간단한 건강 관행 — 이를테면 화장실을 이용한 다음에 손을 씻는 것, 모기장 안에서 잠을 자는 것 — 만으로도 매년 수백만 명의 생명을 구할 것이다. 전 세계 소득의 단 1%만 가장 가난한 사람들에게 재할당한다면, 하루 1.90달러의 소득으로 살아가는 빈곤층을 완전히 없앨 수 있다.[1]

지난 25년간 글로벌 경제가 전례 없는 부를 창출했는데도, 어떻게 피할 수 있는 인간의 고통과 예방할 수 있는 죽음이 이렇게 엄청난 규모로 발생하고 있단 말인가? 신문의 헤드라인과 미디어의 보도는 극단적인 빈곤과 궁핍 상태가 비상사태와 재난에 의해 야기된다는 인상을 만들어낸다. 시리아에서의 폭력적인 분쟁에서부터 카리브해의 허리케인, 아프리카의 홍수, 아시아의 지진에 이르는 이 모든 사태는 인간이 만들어낸 것이자 자연적인 것이다. 그러나 인도주의적 지원을 요구하는 이러한 위기는 단지 이야기의 일부일 뿐이다.

보다 치밀하게 분석해 보면, 우리는 빈곤이 실제로는 주로 덜 극적이고 더 일상적인 과정에서 비롯된다는 것을 알 수 있다. 실제로는 저임금, 농업 생산성 향상 기술에 대한 접근성 부족, 고리대금업자들에게 진 부채, 기업이 추구하는 이윤율과 비즈니스 모델, 은행가가 취하는 투자 결정(그리고 특별수당), 질 낮은 기본 서비스, 정부가 선택하고 실행하는(또는 실행하지 않는)

공공 정책 등이 그러한 빈곤과 궁핍의 주요 원인이다.

나는 어릴 때부터 부자 나라와 더 잘사는 사람들이 멀리 떨어진 곳에 사는 가난한 사람들을 돕는 방법에 대해 서로 매우 다른 생각을 가지고 있다는 것을 알았다. 1960년대 중반에 내가 리버풀 근처에 있는 상대적으로 안락한 한 임대주택에 살 때, 나의 부모는 인도가 "기근에 직면했다"라는 BBC의 보도에 대해 서로 매우 다른 반응을 보였다. 어머니는 영국 정부가 "식량을 보내야 한다"고 생각했다. 사람들이 굶주리고 있다면 식량이 있는 다른 사람들이 그들과 식량을 얼마간 나누어야 한다는 것이었다. 이와 반대로 아버지는 "그들이 다 불임수술을 해야 한다"고 생각했다. 아버지는 인도 정부가 그 일을 수행해야 하고 불임수술의 자발성 여부에 대해서는 크게 신경 쓸 필요가 없다고 생각했다. 아버지가 볼 때, 영국 정부는 인도 당국에 재정과 의료 전문 지식을 지원할 수 있었다. 음식에 대한 접근성이 아니라 '과잉 인구'가 근본적인 문제라는 것이었다.

50년이 지난 지금도 이런 대조되는 입장은 나의 부모가 아닌 미디어에서 여전히 논란이 되고 있다. 텔레비전의 자선 모금 광고는 가난한 나라의 가난한 어린이들을 위해 기부할 것을 권한다. BBC의 '칠드런 인 니드Children in Need'[BBC에서 운영하는 자선단체_옮긴이]의 방송 프로그램은 자선사업 이상의 것에 초점을 맞추고 있다. 그 프로그램은 또한 아시아 전역에서 소녀들이 초등 및 중등 교육을 마치도록 돕고 아프리카에서 여성 할례를 피하도록 돕는 데서 성공을 거둔 영국 정부의 원조 프로젝트에 대해서도 보고한다. 이를 통해 전달하고자 하는 메시지는 분명하다. 그것은 바로 비교적 적은 돈으로도 가정과 지역사회 수준에서 큰 차이를 만들어낼 수 있다는 것이다. 그리고 분명하게 말하지는 않지만 은연중에 이렇게 묻는다. 가난한 사람들을 돕는 것이 여러분의 (그리고 여러분의 정부의) 도덕적 의무이지 않은가?

미국의 〈폭스뉴스Fox News〉와 영국의 ≪데일리 메일Daily Mail≫ 같은 우파 뉴스 미디어에서는 이와 대조적인 입장을 내보낸다. 이들 미디어는 원조 프로그램은 비효율적이라고 제시하고, 원조 수혜국들에 만연한 부패는 원조된 돈이 '낭비'되고 있음을 보여준다는 점을 부각시킨다. 우파 미디어는 가난한 나라의 가난한 사람들을 돕기 위해 더 잘사는 외부인들이 할 수 있는 일은 인도주의적 사업 말고는 거의 없다고 대놓고 주장한다. 이들 미디어는 도움을 제공하는 것은 "우리의 일이 아니다"라고 은연중에 시사한다. 가난한 나라와 가난한 사람들은 스스로 문제를 해결해야 한다는 것이다.

이 책에서 나는 이러한 대조되는 관점을 탐구하면서 "부자 나라들이 가난한 사람들을 도와야 하는가?"라고 묻는다. 나는 가난한 나라의 정부와 국민이 번영과 인간 개발을 이루도록 부자 나라들이 도와야 한다고 주장한다. 그리고 나는 이 주장을 더욱 진전시켜서, 우리 가운데 '더 잘사는' 사람들이 가난한 사람들을 돕지 않는 것은 어리석은 일이라고 주장한다. 이것이 도덕적으로 옳은 일이기만 한 것은 아니다. 우리는 우리 자신의 이익을 위해서도, 그리고 실제로 부유한 세계 시민들(우리의 자녀와 손자 손녀)의 미래의 웰빙을 위해서도 멀리 떨어진 땅에 사는 가난한 사람들을 도와야 한다.

부자 나라에서 글로벌 빈곤과 불평등을 논제로 삼게 만든 것은 이주 — 우리는 이를 이 책의 서두에서 다룬다 — 만이 아니었다. 에볼라 바이러스는 이를 생생하게 예증한다. 2014년에 에볼라 바이러스는 서아프리카의 일부 지역을 황폐화시켰고, 유럽, 북미, 중국, 일본의 보건 당국은 이 질병이 자국에 도달할 경우(특히 악몽 같은 시나리오가 발생하여 공기로 전염되는 방식으로 변이될 경우) 어떻게 대응할 것인지에 대한 세부 계획을 세웠다.

그러나 서아프리카 문제에 대한 부자 나라의 대응은 더뎠다. 이 질병은 수십 년 동안 알려져 있었지만, 그 질병을 예방하거나 치료하기 위한 약에 대한 연구는 매우 제한적이었다. 그 질병이 단지 가난한 아프리카인들만 죽이기 때문이었다. 그러니

누가 연구비를 지불했겠는가? 30년 전에 아프리카에 새로운 건강 문제가 출현했을 때에도 부자 나라들은 에볼라 바이러스의 경우와 비슷하게 느리게 대응했다. 그 결과 HIV/AIDS는 글로벌 팬데믹이 되었고, 유럽과 미국 및 여타 부자 나라들에서도 수백만 명의 목숨을 앗아갔다. 그리고 지금 우리는 지카 바이러스를 가지고 있다.

그렇다면 우리는 이러한 사례들로부터 아무것도 배우지 않았다는 말인가? 작고 인구 밀도가 높고 연결성이 높은 행성에서는 멀리 떨어진 곳에서 발생한 문제라고 하더라도 곧 어디에서나 문제가 될 수 있다. 예기치 못한 인구 이동과 건강은 우리의 상호 연결성을 보여주는 유일한 사례가 아니다. 라틴 아메리카의 지독하게 가난한 사람들은 경제적 기회가 그들에게 대안을 거의 제시해 주지 못하기 때문에 코카인을 재배하거나 미국으로 밀매하는 것을 선택한다. 그 결과 중앙아메리카의 많은 지역이 불안정해졌고, 마약 폭력의 사슬이 미국 도시들로 번졌다. 중동에서는 국내외에서 합법적인 폭력과 테러 행위가 뿌리내리고 있다. 우리가 해야 할 질문은 단순히 "부자 나라들이 가난한 사람들을 도와야 하는가?"가 아니라 "부자 나라들이 가난한 사람들을 도울 수 있는 가장 좋은 방법은 무엇인가?"이다.

생각을 바꿔야 하는 이유

멀리 떨어져 있는 가난한 사람들에 대한 부자 나라의 지원이 오늘날 제대로 이루어지지 못하는 데에는 크게 세 가지 이유가 있다. 첫째는 그 지원이 실제로 도움이 되지 않는다는 것이다. 그러한 지원을 뒷받침하던 관념, 즉 선진국들이 개발도상국들로 하여금 자신들을 '따라잡을' 수 있도록 도울 수 있다는 생각은 이제 더 이상 지지받지 못한다.

한때 개발도상국으로 분류되었던 나라들 — 칠레, 멕시코, 한국 — 이 이제는 부자 나라들의 클럽인 OECD 회원국이 되었다. 필요한 자격을 모두 갖춘 일부 국가들(콜롬비아, 코스타리카, 말레이시아, 페루)은 OECD에 가입하기 위한 논의를 진행하고 있다. 브라질, 중국, 인도는 모두 신흥 강국으로 인정받았고, 원조 수혜국이었으면서도 동시에 그들 나름의 원조 프로그램을 운영해 왔다(이들 나라는 원조 공여국이 되고 있다). 세계는 하나의 복잡한 다극 모자이크이지, 글로벌 북부가 글로벌 남부를 도와야 하는 곳인 것은 아니다.

둘째, 개발이 주로 대외 원조(정부 간 재정 이전)를 통해 이루어질 수 있다는 생각이 의심받아 왔다. 최근 몇 년 동안 주민의 웰빙이 크게 향상된 국가는 시장/국제 무역에 참여하고 흔히 '지구화'라고 기술되는 일단의 과정에 선택적으로 참여함으로써 그러한 향상을 이루어 왔다. 여러 나라의 시민사회(여성 운동, 환경 운동, 개발 및 인권 NGO, 신앙 기반 단체, 디아스포라 커뮤니티 등) 간의 상호작용은 그러한 향상이 이루어지는 과정의 중요한 일부였다. 국민국가는 여전히 아주 중요하지만, 국가는 적어도 개발을 인도하는 역할만큼이나 개발을 가능하게 하는 역할도 해야 한다.

이와 대조적으로 개발이 거의 이루어지지 않은 나라들은 높은 수준의 정치적 불안정성 그리고/또는 폭력적인 갈등에 자주 시달리고 있다. 이들 나라는 흔히 '취약국fragile state'이라고 불린다. 그러한 나라들에서는 부자 나라들이 단순히 대외 원조를 제공하는 것보다 그러한 나라의 국내 국가 형성 과정을 지원하는 방법(각국 정부가 보다 효과적이고 포괄적으로 작동하게 하는 방법)을 강구하는 데 더 신경을 써야 한다.

셋째로, 가난한 사람이 많은 나라는 산업화된 국가들이 해온 방식을 단순히 모방할 수 없다는 증거가 늘어남에 따라 '국제 개발'에 대한 관념이 완전히 재조명되고 있다. 지속 가능한 개발은 이제 UN이 동의한 글로벌 메타 목표이다. 서구에서 당연하게 여기는 높은 수준의 탄소 배출 ― 우리의 공장, 농장, 운송, 주택에서 배출하는 ― 은 이미 지구온난화를 초래했다. 세계 인구 ―

현재 70억 명이지만 그리 머지않은 미래에 80억, 90억, 어쩌면 100억 명이 될 ― 가 살아남아 적정한 삶을 살기 위해서는 '개발'의 물질적 토대가 재정의되어야 한다. 여기서 적정한 삶이란 일부 라틴 아메리카 사상가들이 부엔 비비르buen vivir ― 잘살기living well ― 라고 개념화하는 것이다.

잘산다는 것은 최소한 30억 명의 가난하거나 매우 가난한 사람들에게는 물질적 조건이 크게 개선되는 것 ― 음식, 깨끗한 물, 위생, 숙소, 보건 서비스, 에너지 및 기타 재화와 서비스에 더 잘 접근할 수 있게 되는 것 ― 을 의미한다. 그러나 잘산다는 것은 또한 (나와 당신을 포함하여) 전 세계의 엘리트와 중간계급에게는 지금까지와는 다르게 사는 것을 의미할 것이다. 부자 나라와 더 잘사는 사람들이 현재 향유하는 물질/에너지 낭비적인 생활양식은 지속 가능하고 사회적으로 공정한 세상에서는 계속될 수 없다. 세계의 가난한 사람들을 돕는 것은 더 이상 단순히 가난한 나라들의 변화에 관한 것이 아니다. 그것은 또한 부자 나라들의 큰 변화에 관한 것이기도 하다.

가난한 사람들 돕기: 하나의 채점표

부자 나라들이 더 가난한 나라의 사람들을 얼마나 걱정하는 지를 판단하는 전통적인 방법은 부자 나라들의 대외 원조 예산 — 공적 개발 원조official development assistance: ODA — 을 살펴보는 것이다. 실제로 모든 고소득 국가가 국제 개발에 공적 자금을 할당하기 때문에, ODA를 살펴볼 경우 우리는 모든 부자 나라가 가난한 나라의 사람들에게 얼마간 관심을 가지고 있음을 발견할 수 있다.

총액의 측면에서 보면, 미국은 2014년에 ODA에 327억 달러를 지출했기 때문에 가난한 나라의 사람들을 가장 걱정하는 나라로 보일 것이다.[2] 하지만 미국은 세계 최대의 경제 규모를 자랑하는 나라이기 때문에, 부자 나라의 원조 수준을 알아보는 보다 일반적인 척도는 대외 원조 지출이 국민총소득(GNI)에서 차지하는 몫이다. 이 관점에서 보면, OECD 국가가 GNI의 평균 0.29%를 다른 나라의 개발에 지출하는 것에 비해 미국은 GNI의 0.19%만 지출하는 저조한 성과를 보이고 있다. 그러나 이는 0.13%에 불과한 한국보다는 높은 수치이다. 원조 지출 목록의 최상위에는 스웨덴(1.10%)과 노르웨이(0.99%)가 있다. 영국은 실적 개선도가 가장 높은 나라로, 2014년에 UN 밀레니엄개발목표Millennium Development Goal: MDG인 0.70%를 달성했다.

하지만 대외 원조는 부자 나라들이 가난한 나라와 가난한 사람들을 지원하는 방법 가운데 하나일 뿐이다. 글로벌 개발 센터 Centre for Global Development는 "어떤 부자 나라가 가난한 나라들을 가장 많이 돕고 있는가?"라는 질문을 던지고 개발공헌지수 Commitment to Development Index: CDI를 계산한다.[3] 이 지수는 가난한 나라에 지원하는 일곱 가지 서로 다른 방법 — 대외 원조, 무역 개방 정도, 가난한 나라들이 금융에 접근할 수 있도록 돕는 글로벌 금융 체제에 기여하는 정도, 개발도상국 시민들의 이주 허용 정도, 환경 영향에 대해 책임을 지는 정도, 안전성 향상에 기여하는 정도, 더 가난한 나라들이 기술을 이용할 수 있게 하는 정도 — 을 결합한 것이다. 이것은 완벽한 측정 방법은 아니지만, 단순히 원조 수준을 살펴보는 것보다는 훨씬 낫다.

스칸디나비아 국가들이 이 목록에서도 선두를 차지하고 있는데, 구체적으로 살펴보면 덴마크는 (10점 만점에) 6.8점, 스웨덴은 6.6점, 노르웨이는 6.2점이다. 영국은 5.6점으로 좋은 성과자인 것으로 나타난다. 미국은 4.6점으로 27개 부자 나라 중 19위를 차지하여 단순히 ODA로 측정한 것보다는 나은 성과를 보이고 있다. 순위의 최하위에는 일본과 한국이 있다. 두 나라 모두 10점 만점에 3.3점으로, 이 측정방식에 따르면 가난한 나라의 가난한 사람들을 별로 돕지 않는다.

잘못된 이유로 옳은 일 하기

왜 부자 나라들은 멀리 떨어진 곳에 사는 가난한 사람들을 돕는가? 거기에는 "그것이 우리의 도덕적 의무이다"라는 고결한 마음에서부터 "우리의 이미지가 향상될 수 있고 그것을 통해 쉽게 돈을 벌 수 있다"라는 타락한 마음에 이르기까지 매우 다른 이유들이 혼합되어 있다. 일반적으로 부자 나라의 정부는 멀리 떨어져 있는 가난한 사람들을 지원하는 것을 납세자들에게 정당화하기 위해 이타주의와 자기 이익을 조합하여 이용한다. 거기에는 뚜렷하게 구분되는 네 가지 노선의 논거가 있다.

부자 나라의 지도자들과 정치인들이 멀리 떨어져 있는 궁핍한 사람들을 지원해야 하는 이유로 가장 흔히 듣는 말은 그것이 도덕적 의무라는 것이다. 모든 인간은 동정심이 있어야 하고 다른 인간의 고통을 줄이려고 노력해야 한다는 것이다. 특히 기본적인 욕구를 충족하는 데 걱정이 없는 사람들은 그리 운이 좋지 않은 사람들을 도와야 한다. 이는 단순히 친척, 친구, 이웃을 돕는 것이 아니다. 저명한 철학자인 피터 싱어Peter Singer가 다음과 같이 주장하듯이, 그것은 모든 인류에게 적용된다. "…… 내가 돕는 사람이 나와 10야드 떨어진 이웃의 아이이든, 내가 이름조차 알지 못하는 벵골인이든 간에 거기에는 아무런 도덕적 차이가 없다."4

사회 정의를 추구하기 위해서는 도움을 줄 수 있는 수단을 가진 개인(그리고 그들의 정부)이 세계 모든 지역의 가난한 사람들을 도와야 한다. 이러한 관점에서 볼 때, 그러한 행위들은 단순히 자선이 아니라 의무이다. 만약 약값 5달러로 아프리카 어린이의 생명을 구할 수 있다면, 누가 5달러를 고급 커피 한 잔 마시는 데 쓸 수 있겠는가?

둘째 논거인 도덕적 책임은 인과적 분석에 기초한다. 이 주장에 따르면, 선진 산업국가 — 부자 나라 — 와 그 시민들이 가난한 나라를 지원해야 하는 까닭은 그들이 가난한 나라와 주민들을 가난하게 만든 경제적·정치적 구조에 책임이 있기 때문이다. 실제로 이 주장은 식민주의, 후기 식민주의적 발전주의, 그리고 현대 자본주의와 지구화에 대한 비판이다. 이 입장은 그러한 과정을 글로벌 빈곤, 글로벌 불평등, 사회적 부정의의 주요 원인 가운데 하나로, 어떤 경우에는 **직접적인** 원인으로 바라본다. 식민주의의 영향(자원 추출, 인종 차별, 민족 분열, 노예제와 사회의 와해, 불합리한 국경, 권력을 장악한 편협한 약탈적 엘리트들의 정부

등)은 가난한 나라들을 계속해서 가난하게 만드는 역사적 유산을 만들어왔다.

북대서양의 노예무역은 이를 잘 보여주는 고전적인 사례이다. 노예무역은 오늘날의 발전을 저해하는 방식으로 서아프리카의 주민을 절멸시키고 그 사회를 동요시켰다. 모든 식민지 열강들이 부정적인 유산을 남겼지만, 벨기에인들은 때때로 얼마간 가장 큰 문제로 여겨지는 유산을 남겼다. 즉, 벨기에는 르완다에서 세금 징수 통치자(투치족Tutsi)와 납세 피통치자(후투족Hutu) 간에 인종 분열을 조장했는데, 이는 1994년 르완다에서 일어난 대량 학살의 토대가 되었다.

그리고 현재까지도 명백히 불공정한 세계 무역 체제는 가난한 사람들을 계속해서 가난하게 만드는 데 일조한다. 아프리카 목화 농부들은 몰락하고 있지만, 미국 목화 농부들은 막대한 공적 보조금을 받아 목화 농사를 계속하고 있다. 유럽연합의 보통 암소는 하루에 2.50달러의 보조금을 받는데, 이는 인류의 약 1/3이 버는 수입보다 더 많은 액수이다.

부자 나라에 근거지를 둔 다국적기업들은 많은 가난한 나라에서 사업을 지배하고 있으며, 부자 세계가 자신이 제공하는 대외 원조 1달러당 10달러를 가난한 나라들로부터 불법적으로 추출하는 것을 돕고 있다.[5] 유럽과 미국에 본사를 둔 세계 유수의 제약회사들은 자신들의 제품에 너무 높은 가격을 매김으로써 죽지 않아도 될 수백만 명의 가난한 사람을 죽게 한다. 부자 나라의 금융과 기술 통제는 더 가난한 나라들이 경제적으로 경쟁할 수 없거나 주민의 사회적 요구를 충족시킬 수 없게 한다.

더 나아가 미국 정부는 (그리고 미국 기업의 이익단체들은 간접적으로) IMF와 세계은행이 추구하는 정책들을 엄격하게 모니터한다. 이 때문에 유력 철학자들은 가난한 나라들이 자국 시민들의 생명을 보호하기 위해 부자 나라들에 대해 '정의로운 전쟁'을 선포할 윤리적 논거를 가지고 있는지를 놓고 열띤 논쟁을 벌여 왔다![6]

최근 들어서는 기후 변화라는 또 다른 논쟁의 요소가 부자 나라들이 저소득 국가의 빈곤에 책임이 있다는 주장을 크게 강화시켰다. 세계에서 경제적으로 가장 발전된 국가들과 가장 부유한 사람들이 너무 많은 이산화탄소를 대기로 배출해 왔고, 이것이 이제 가난한 나라의 가난한 사람들의 생계를 악화시키고 있다.

부자 나라들이 가난한 사람들을 돕는 이유에 대한 셋째 논거인 공동 이익common interests은 이타주의만큼이나 자기 이익에도 기반을 두고 있다. 이 주장은 기본적인 욕구가 충족된 사람들이 자신의 웰빙을 유지하고 향상시키기를 원한다면 가난한 사람들을 도와야 한다고 가정한다. 이는 이웃에게도, 그리고 이웃이 아닌 사람들에게도 적용된다. 이 입장에 따르면, 상대적으로 더 잘사는 사람들은 지역 및 국가의 사회적 결속을 강화하기 위해, 배제된 사회집단이 사회와 경제의 안정을 위협할 동기를 감소시키기 위해, 경제적 기회를 창출하기 위해, 공중 보건 문제와 팬데믹의 가능성을 줄이기 위해, 이민과 인구 증가율을 감소시키기 위해 가난한 사람들을 도와주어야 한다.

보건 및 이주와 관련한 주장은 최근 들어 매우 분명해졌다. 부자 나라들이 보건 정책에 보다 실질적인 지원을 하지 않는다면, 에볼라와 같은 주요한 새로운 질병은 가난한 나라에서 발생하여 전 세계로 확산될 가능성이 훨씬 더 커진다.

마찬가지로 부자 나라들이 유럽에서 살기 위해 지중해를 건너 유입하는 아프리카인들의 수 – 이 숫자는 2015년에 20만 명으로 추산되었다 – 를 진정으로 줄이고자 한다면, 두 대륙 간 경제적 기회의 극명한 불평등을 극적으로 감소시키기 위해 아프리카의 경제성장과 일자리 창출에 적극적으로 나서야 한다.

이와 관련하여 부언하면, 세계 인구를 100억이나 110억이 아닌 90억 명으로 제한하고 싶다면, 세계의 가장 가난한 지역 (특히 사하라 사막 이남의 아프리카)에서 빈곤을 빠르게 줄일 필요가 있다. 출산율을 낮추는 가장 좋은 방법은 피임약을 나눠주는

것이 아니라 빈곤을 줄이는 것이다. 방글라데시의 번영은 합계
출산율(여성 1인당 평생 평균 출생아 수)을 불과 30년 만에 5.2명에
서 2.1명으로 떨어뜨렸다.

서구에서 멀리 떨어져 있는 궁핍한 사람들을 도와야 하는 이
유로 제시하는 중요한 논거 중 하나는 만약 그들이 앞으로 나아
질 가망이 없다면 그들 중 일부는 폭력적인 정치 집단을 지지하
거나 마약 밀매와 국제 범죄에 관여할 가능성이 더 커질 수도
있다는 것이었다. 극단적으로 그들은 테러리스트가 될 수도 있
다. 따라서 멀리 떨어져 있는 궁핍한 사람들을 돕는 것은 "옳은
일을 하는 것"일 뿐만 아니라 부자 나라들이 직면하는 사회적·
정치적 문제들을 줄일 수도 있다.

이 주장은 9/11 이후 미국에서 자주 제기되었다. 하지만 이
주장을 뒷받침할 증거는 매우 제한적이다. 9/11 자살 폭탄 테
러범들은 고소득 국가인 사우디아라비아 출신이었고, 그들 중
어느 누구도 궁핍한 배경을 가지고 있지 않았다. 2015년에 파
리에서 테러를 자행한 다에시Daesh[7] 테러리스트들은 중간계급
가정 출신이었다. 더 적절한 주장은 빈곤이 일반화된 나라에서
는 통치에 많은 문제가 있기 때문에 테러리스트들이 그곳(아프
가니스탄, 나이지리아, 시리아, 예멘)에 기지와 훈련 캠프를 세울 수
있다는 것이다.

　　　　　　　부자 나라들이 가난한 사람들을 도와야 하는가

공동 이익 주장에는 강력한 자유주의적인 경제적 요소도 포함되어 있다. 이 입장은 세계의 가난한 나라와 가난한 사람들의 소득이 증가할수록 더 부유한 나라와 그 나라 사람들의 경제적 기회도 더 커질 것이라고 본다.

하지만 가난한 나라를 돕기 위해 공개적으로 제의된 이 세 가지 이유의 배후에는 넷째이자 훨씬 덜 고상한 일단의 동기가 자리하고 있다. 이 동기가 자주 부자 나라의 생각에서 가장 높은 위치를 차지해 왔다. 그것이 바로 단기적인 정치적·상업적 이익이다.

냉전 시기 동안에는 지정학적 고려가 우선이었다. 미국과 그 동맹국, 그리고 소련과 그 동맹국은 개발 원조와 군사 원조 패키지를 통해 가난한 나라와 그 나라 지도자의 지지를 매수하여 상대를 압도하고자 했다. 이것은 단순히 한 나라에 대외 원조를 제공하는 것을 의미하지 않았다. 그것은 콩고 민주 공화국(옛 자이르Zaïre)의 대통령 모부투Mobutu와 같은 흉악한 독재자들에게 대외 원조를 하는 것을 의미했다. 더 넓은 대외 정책적 고려 역시 부자 나라들이 원조를 할당하는 관행을 틀 지어왔다. 수십 년 동안 미국에서 이집트와 이스라엘로 지워둬 아낌없는 원조는 가난한 사람들을 지원하는 것이기보다는 우방을 지원하는 것이었다.

대외 정책과 함께 상업적 이익도 고려된다. 부자 나라들은 일반적으로 자신들의 원조를 자국 기업 및 NGO들과의 계약과 '연계'시키고, 원조를 국내 기업들을 위한 수출 차관으로 할당하며, 또한 원조를 원조 공여국과 상업적 계약을 맺기 위한 유인의 한 형태로 이용한다. 페르가우 댐Pergau Dam을 둘러싼 마거릿 대처Margaret Thatcher의 공개 굴욕 — 영국 장비를 주문하는 것을 조건으로 말레이시아 정부에 더 많은 원조를 제공했다는 이유로 대처 정부가 법정에 세워진 사건 — 은 상업적 이익을 추구하는 원조를 보여주는 전형적인 사례이다.

앞에서 제시한 논거들 — 도덕적 의무, 도덕적 책임, 공동 이익, 자기 이익 — 은 부자 나라들이 가난한 사람들을 돕는다는 생각을 뒷받침하는데도 불구하고 지금까지 강력한 도전을 받아왔고 지금도 계속해서 도전받고 있다. 최근에는 호주, 캐나다, 네덜란드, 영국, 미국 등 여러 나라에서 멀리 떨어져 있는 낯선 사람을 돕는 것에 반대하는 주장이 지지를 얻어왔으며, 일부 정치인, 정당, 대중 매체는 대외 원조를 강력히 비난하고 있다.

세 가지 주요 논거가 멀리 떨어져 있는 궁핍한 사람들을 지원하는 것에 반대하는 주장을 펼치기 위해 이용되고 있다. 그중 가장 중요한 주장이 앞서 언급한 주장, 즉 가난한 나라의 지도자와 공무원들은 항상 부패하기 때문에 대부분의 대외 원조가 낭비되고 있다는 것이다. 부자 나라들이 더 이상 관례적으로 독재자들에게 직접 원조를 하지 않고 있으며 대부분의 원조 기관들이 정교한 반부패 체계를 구축해 놓고 있지만, 아프가니스탄과 이라크에서 발생한 원조 스캔들은 특히 취약국들에서는 부패가 여전히 주요한 문제로 남아 있다는 놀랄 만한 증거를 제공해 주고 있다.

둘째는 대외 원조 프로그램이 원조 예산으로 먹고사는 부유한 세계의 관료와 컨설턴트들에 의해 형편없이 설계되고 있다는 주장이다. 이 주장에 따르면, 원조 프로젝트는 가난한 나라나 가난한 사람들을 돕는 것이 아니다. 원조 프로젝트는 단지 '원조 산업'과 '정부 계약자나 컨설턴트beltway bandit'의 일자리를 유지하는 것일 뿐이다.

마지막으로는, 매우 가난한 사람들의 수가 가장 많은 나라인 인도와 중국은 "우리보다 더 잘사는" 신흥 강국이라는 주장이 있다.

이러한 도전으로 인해 개발 협력이 완전히 취소된 곳은 없지만, 그것은 많은 OECD 국가에서 원조 예산을 제한하는 데 일조해 왔다. 한 연구에 따르면, 미국 정부는 대외 원주 지출을 할 때 비非미국 시민의 삶을 미국 시민의 삶의 1/2000의 가치로 평가한다.[8]

아마도 사람들은 앞에서 제시한 긍정적 논거와 부정적 논거가 부자 나라들의 여론에 영향을 미칠 것이며 부자 나라 대부분이 민주적인 국가이므로 앞서 설명한 개발 공헌 수준에서 큰 차이가 있을 것으로 예상할 수 있을 것이다. 하지만 유럽과 북미의 여론 조사에서 나온 증거는 역설적이다. 조사 결과는 부자 나라의 시민들이 멀리 떨어져 있는 가난한 사람들에 대해 그다지 많이 생각하지 않으면서도, 또한 자신들의 정부가 그들을 위해 무언가 해야 한다고 생각한다는 것을 보여준다. 이를테면 영국의 4789명에게 "오늘날 영국이 직면한 가장 중요한 문제는 무엇인가?"라고 물었을 때 글로벌 빈곤을 언급한 사람은 10명(0.21%)에 불과했다. 그러나 이와는 대조적으로 다른 조사에서 글로벌 빈곤에 대해 물었을 때, 25%가 "매우 걱정한다"라고 답했다.

그러나 어쩌면 이는 여론에 지나치게 관심을 기울이는 것일지도 모른다. 콜린 크라우치Colin Crouch가 주장하듯이,[9] 많은 부자 나라가 '포스트-민주주의' 정치[콜린 크라우치가 말하는 포스트-민주주의는 금권에 의해 민주주의의 원리가 무력해진 상황을 지칭한다_옮긴이]로 옮겨갔고 주민의 대부분이 적극적인 정치 참여에서 뒤로 물러섰다면, 우리는 공공 정책을 이해하기 위해 기업과 정부 엘리트들을 살펴볼 필요가 있다.

이러한 비판적 관점에서 볼 때, 글로벌 빈곤은 엘리트에게 하나의 유용한 이익 추구의 수단이었다. '글로벌 빈곤 감축'이라는 명분하에 기업 엘리트들(그리고 그들이 자원을 제공하는 정치 엘리트들)은 중간소득 국가와 저소득 국가들의 경제 자유화를 촉진할 수 있었고, 그 결과 이들 엘리트의 부는 전례 없는 비율로 증가해 왔다. 이와 함께 글로벌 빈곤 감축을 촉구하는 공식 기구와 시민사회의 행위자들 ─ 양자 원조 기관, 다자 기구(UN과 세계은행), 빅브랜드 NGO, 그리고 심지어는 유명인사들 ─ 의 예산 역시 늘어났고, 인지도도 높아졌다. 반면 멀리 떨어져 있는 궁핍한 사람들을 지원하기 위해 정부가 하고 있는 일에 대한 공중의 이해와 참여는 후퇴해 온 것으로 보인다. 우리의 지도자들은 잘못된 이유에서 옳은 일을 하고 있는 것일지도 모른다.

누가 빈민인가?

당신의 동기가 무엇이든, 당신이 멀리 떨어진 곳에 사는 가난한 사람들을 돕고 싶다면 당신은 그들을 식별할 수 있어야 한다. 수십 년 동안 부자 나라들은 개발도상국 ─ 산업화가 이루어지지 않았고 1인당 GNI가 낮았던 나라들 ─ 의 농촌 주민을 '빈민'이라고 가정했다. 그러나 1990년경에 부자 나라들은 가난한 사람들을 식별하는 점점 더 정교한 방법을 채택하기 시작했다.

『옥스퍼드 사전The Oxford Dictionary』은 빈곤을 "생활필수품의 결핍"이라고 정의한다. 그러나 필수품이 무엇인지에 대해서는 격심한 논쟁이 존재한다. 그러한 논쟁 일부는 매우 기술적이지만, 대부분은 강력한 가치 차원을 가지고 있다. 이를테면 빈곤선을 설정하는 서로 다른 방법 중 하나, 즉 개인이나 가족이 자신들의 필수품을 충족시키는 데 필요한 최소한의 수입을 예로 들어보자. 최소한의 수입은 절대적인 측면에서 설정될 수도 있고 상대적인 측면에서 설정될 수도 있다. 가난한 나라에서는 절대적인 척도 ― 신체의 칼로리 요구를 충족시키고 기본적인 숙소를 제공하는 데 필요한 최소한의 수입 ― 가 이용된다. 2015년 이후 세계은행은 가난한 나라에서 요구되는 최소한의 수입을 하루 약 1.90달러로 추산했다(구매력이 차이 나기 때문에 가난한 나라에서는 그 돈으로 부유한 세계에서보다 더 많은 재화를 구매할수 있다).

이와 대조적으로 유럽연합에서는 상대적인 측면에서 빈곤을 측정한다. 만약 누군가의 소득이 그들 나라 중위소득의 60% 미만이면, 그들은 빈민으로 분류된다. 유럽에서 중위소득은 하루에 1인당 20달러에서 40달러 정도에 해당한다. 2015년에 미국

　　　　　부자 나라들이 가난한 사람들을 도와야 하는가

에서 중위소득은 성인 1인당 하루에 32.25달러였다. 그 돈으로 가난한 사람은 다양한 식품을 살 수 있고, 옷을 장만할 수 있고, 텔레비전과 휴대폰을 가질 수 있고, 아이들의 생일에 아이들을 동물원에 데려갈 수도 있다. 그들은 대대수의 동료 시민들이 당연하게 여기는 것 중 많은 것 — 레스토랑으로 외식하러 가거나, 노트북 컴퓨터를 가지거나, 해외에서 휴가를 보내는 것 — 을 할 수 없기 때문에 **상대적으로 가난한** 것으로 간주된다. 이러한 대조적인 측정 방법은 단지 기술적인 선택에 그치는 것이 아니다. 이는 부자 나라에서 공식적으로 가난한 것으로 분류되는 사람들이 가난한 나라에서 가난한 것으로 분류되는 사람들보다 물질적인 측면에서 훨씬 더 잘산다는 것을 의미한다.

부유한 세계에서 대부분의 사람에게 극빈자에 대한 심적 이미지는 비상상황 — 이를테면 사이클론이나 지진이 발생한 이후 또는 폭력적인 분쟁 상황에서 피난하는 것과 같은 — 에 처한 여성과 어린이의 이미지이다. 그러한 상황에서 이루어지는 인도주의적 구조는 멀리 떨어져 있는 궁핍한 사람들에 대해 부자 나라가 지원하는 것의 중요한 부분이었지만, 그것은 대부분의 극빈자가 끝도 없이 계속되는 가난에 갇혀 있다는 사실을 모호하게 할 수 있다.

극빈자 대부분은 단순히 최근의 재난이나 분쟁의 희생자가 아니다. 오히려 그들은 (자신들의 부모와 조부모처럼) 비록 하루에 12시간 또는 14시간을 일하더라도 가족의 기본적인 욕구를 충족시킬 수 없는 상황에서 생계를 유지한다. 기본적인 욕구를 충족시킬 수 있을 정도로 운이 좋은 사람들의 경우에도 상황은 매우 불안전하다. 가정에서의 질병, 직장에서의 사고, 지역 노동시장의 침체는 그들을 다시 빈곤 속으로 빠져들게 할 것이다.

당신이 가난에 대해 가지고 있는 생각이 중요하다. 그 생각이 '누가' 가난한 사람인지, 그리고 가난에 대해 '무엇'을 해야 하는지에 대한 당신의 생각을 틀 짓는다. 만약 당신이 많은 사람이 그러하듯이 가난을 단순히 수입의 부족이라고 본다면, 당신은 경제성장(그리고 아마도 일자리 창출)을 해답으로 보고 시장에 기반한 해결책을 찾을 가능성이 크다. 만약 당신이 가난을 다차원적으로 바라본다면, 당신은 기본적인 서비스(보건, 교육, 식수, 위생 등)가 필요한 것으로 보고 아마도 정부의 공적 공급에서 주요한 역할을 찾을 것이다. 만약 당신이 가난이 불평등이나 인권의 폐기에 의해 야기된다고 본다면, 당신은 더 급진적인 조치 — 이를테면 경제적 자산의 재분배 및/또는 사회적·정치적 권력의 재분배 — 를 찾아 나설 가능성이 크다.

이러한 대조되는 가치 입장은 빈곤이 개인에게서 비롯되는지 또는 사회의 실패에 의해 유발되는지에 관한 뿌리 깊은 사상

부자 나라들이 가난한 사람들을 도와야 하는가

과 연계되어 있다. 이것은 오늘날의 '노력하는 사람striver'과 '게
으름뱅이skiver'라는 대비 및 '자격 있는 빈민deserving poor'(미망
인, 고아, 노인, 장애인)과 '자격 없는 빈민undeserving poor'(일자리를
찾을 수 없거나 가족의 욕구를 충족시킬 만큼 충분히 벌지 못하는 노동
연령층)이라는 역사적 구성물로 이어진다.

인류의 상태: 반이나 남은 잔과 반이나 빈 잔

당신이 취하는 관점에 따라 당신은 지난 25년이 전례 없는 인
간 진보의 시기였다고 주장하거나 아니면 대실망의 시기였다
고 주장할 수 있다. 긍정적인 입장은 1990년 이후 극단적인 빈
곤 속에서 살고 있는 인류의 비율이 절반으로 줄어든 것, 건강
지표(기대수명과 아동 생존) 및 기타 사회지표가 크게 개선된 것,
즉 앵거스 디턴Angus Deaton이 말하는 "빈곤으로부터의 위대한
탈출"에 초점을 맞춘다.[10] 부정적인 입장은 빈곤(2011년 가격으
로 하루 소득 3.10달러) 속에 사는 사람들의 수가 1980년 이후 거
의 변하지 않았고 불평등이 급증했으며 우리의 지구 환경 이용
이 지속가능하지 않다고 주장한다.

상황이 나아지고 있는지 그렇지 않은지를 놓고 많은 복잡한

논쟁이 벌어지고 있지만('더 읽을거리'를 보라), 내가 보기에 적어도 세 가지는 분명하다. 첫째, 지난 2세기 동안, 그리고 특히 지난 25년 동안 상황은 인류 대부분에게서 그리고 점점 더 빠른 속도로 '나아져' 왔다. 둘째, 그래도 발전의 속도가 너무 느리다. 우리의 전체 부의 수준을 감안할 때 예방할 수 있는 인간의 궁핍과 고통이 용인할 수 없을 정도로 많이 남아 있다. 셋째, 21세기로의 전환기 이후 가난한 사람과 가난하지 않은 사람 모두에게서 삶의 질이 위태로워지고 있다는 인식이 점점 더 증가해 왔다. "내 아이들의 삶이 나의 삶보다 더 나아질 것"이라는, 20세기 중반에 널리 퍼져 있던 믿음이 사라지고 있다.

첫째 논점에 대해 살펴보면, 경제적·사회적 상태는 인류 대부분에게 나아져 왔고 지금도 나아지고 있다. 2015년 UN 자료에 따르면, 하루 1.25달러의 빈곤선 이하에서 살고 있는 사람들의 수가 1990년 이후 19억 명에서 8억 2500만 명으로, 즉 세계 인구의 36%에서 12%로 줄어들었다. 1인당 평균 소득은 (계속되는 인구 증가에도 불구하고) 역사적으로 전례 없는 속도로 계속해서 증가하고 있다. 기대수명은 1950년 이후 48세에서 68세로 늘어났고, 5세 미만 사망률은 1990년 인구 1000명당 90명에서 2015년 43명으로 떨어졌으며, 다른 많은 사회지표도 개선되었다. 지역적·국가적 수준에서 그 패턴은 다르지만, 세계의 모

부자 나라들이 가난한 사람들을 도와야 하는가

든 지역이 UN의 밀레니엄개발목표MDGs를 향해 상당한 진전을 이루어왔다. 소수의 나라(이라크, 소말리아, 시리아, 짐바브웨)에서만 지난 25년 동안 그러한 지표가 악화되었다.

상황이 나아지고 있는 이유를 정확히 설명할 수 있는 일반적으로 받아들여지는 또는 손쉬운 방법은 없다. 많은 요인 — 보건, 위생, 영양, 조직, 기술에 대한 비교적 단순한 기술적 지식(백신, 임신 여성의 음식 섭취, 작물 품종, 부기簿記, 손 씻기, 값싼 비누, 수돗물 등)의 창출과 보급, 세계 많은 지역에서의 무역 및 경제 자유화, 냉전 종식, 중국의 글로벌 경제로의 복귀, 아프리카의 원자재 가격 슈퍼사이클 super-cycle[11][슈퍼사이클은 20년 이상의 장기적인 가격상승 추세를 뜻한다_옮긴이] 및 다른 많은 요인 — 이 이 문제에 한몫해 왔다. 글로벌 개발 분야의 선도적인 사상가들은 점점 더 "정책을 바로잡는 것"에서 "정치를 바로잡는 것"으로, 다시 말해 '제도' 그리고 특히 국가를 더욱 효율적으로 만드는 보다 복잡한 영역으로 초점을 이동해 왔다.

그간 발전은 충분히 이루어져 왔는가? 우리는 풍요로운 세계에 살고 있다. 1인당 글로벌 평균 총소득 — 풍요를 측정하는 조야한 수단 — 은 1950년 약 2100달러에서 2010년에는 7800달러 이상으로 거의 300% 상승했다. 그러나 (70억 명 중) 약 30억 명이 여전히 인간의 가장 기본적인 욕구 — 음식, 식수 및 위생시설,

기본적인 의료 보호, 숙소 — 에 대한 접근을 제한받고 있다. 자원과 기술이 풍부한 세계에서도 인류의 약 20%에서 40% — 추정치가 서로 다르다 — 가 매일 기본적인 욕구를 박탈당하고 있다. 이는 즉각적으로 고통과 불안전을 초래했고, 그들로 하여금 미래의 좋은 삶과 생산적인 삶을 가능하지 못하게 하고 있다.

그러면 셋째 논점, 즉 현대 삶의 위태로움으로 넘어가 보자. 이는 경험적 증거에 의해 뒷받침되는 주장보다는 강한 개인적 느낌 속에서 가장 잘 드러난다. 이용 가능한 거의 모든 증거가 대부분의 경제 및 사회 지표가 개선되고 있음을 보여주지만, 많은 사람에게서 취약성이 줄어들고 미래의 사회보장이 강화되었다는 인식이 동반되지는 않는 것으로 보인다. 이는 철학자들이 적응적 선호adaptive preference라고 부르는 것 — 상황이 나아짐에 따라 사람들은 나아진 것을 당연하게 여기고 더 많은 것을 기대하는 것 — 때문일 수도 있고, 아니면 미디어에서 일어난 변화 때문일 수도 있다. 하루 24시간 일주일 내내 소식을 전하는 뉴스는 지역, 국가, 전 세계에서 발생하는 모든 나쁜 일(그리고 사소한 일)에 대해 끊임없이 우리에게 말해준다. 신문들은 유명인의 결혼 파탄, 재수 없는 날 벌어진 일과 함께 자동차 사고, 살인, 테러 공격 같은 가장 자극적인 기사를 싣기 위해 서로 경쟁한다.

그러나 우리가 불안을 점점 더 의식하게 되는 이유는 아마도 우리가 오늘날의 상황에 대해 점점 더 합리적으로 반응하기 때문일 것이다. 아프가니스탄, 이라크, 리비아, 시리아에서 계속되는 폭력과 통치불능은 세계에서 가장 강력한 국가 — 그것도 강력한 동맹국들의 지원을 받는 — 의 힘과 자원으로도 평화와 번영을 창출할 수 없다는 것을 보여주어 왔다. 훨씬 더 걱정스럽고 급진적이며 정치적인 이슬람은 서방 국가들로 하여금 이데올로기적/신학적으로 강력한 적대국들 — 어디서 누구든 살해할 준비가 되어 있는 — 과 맞붙게 하려는 것으로 보인다.

그리고 지정학적 상황 역시 매우 빠르게 변화하고 있다. 아랍의 봄 이후 이집트에서, 그리고 모범적인 이슬람 다수 국가인 터키에서 어떤 일들이 일어나고 있는가? 우리는 다극 세계에서 러시아(또는 적어도 푸틴Putin 및 그의 동맹국들)와 함께 살고 있다. 러시아는 경제가 침체되고 경제활동 인구가 줄어들고 있는데도 호전적인 세계 강대국처럼 행동할 작정인 것으로 보인다. 사하라 이남 아프리카에서는 인구통계학적 문제가 러시아와 정반대이다. 높은 출산율과 도시화가 계속되는 상황에서 그 나라 젊은이들은 어떻게 일자리를 찾을 수 있는가? 유럽으로 이주함으로써? 중국은 남중국해에서 무력시위를 하고 있다. 멕시코와 다른 중앙아메리카 국가들에서는, 그리고 아마도 지금은 페루에서도, 범죄 조직이 그들의 국가 구조에 깊게 통합되어 있는 것으로 보인다.

국제 금융과 은행은 2008년 글로벌 붕괴 이후에도 자신들의 행동을 바꾸지 않은 것으로 보이며, 개인, 기업, 정부에 대한 사이버 범죄가 급증하고 있다. 지구화된 경제에서 고용이 점점 더 불안정해지고 있는데, 이는 가난한 사람들에게만 그러한 것이 아니다. 영국과 뉴잉글랜드에서는 중간계급 부모들이 자신의 아이들이 컴퓨터화/로봇화된 세계에서 안전한 일자리를 찾을 수 있을지 의심한다. 그리고 이 모든 것 말고도 생각해 봐야 할 문제로 여전히 기후 변화가 남아 있다.

이 불확실한 상황은 수많은 반응을 만들어낸다. 이러한 상황은 대부분의 부자 나라에서 우파 정당 — 영국의 영국 독립당UKIP에서부터 미국의 티파티Tea Party, 프랑스의 민족전선Front National, 헝가리의 피데스Fidesz에 이르기까지 — 의 부상을 촉진시켜 왔다. 이들 정당은 일반적으로 멀리 떨어져 있는 궁핍한 사람들('경제적 이민자'와 '외국인들')을 경제 문제 또는 사회 문제의 원인으로 제시하고, 다른 나라 사람들 및/또는 다른 정체성을 가진 사람들과 협력하지 말라고 충고한다. 그들은 가난한 나라의 가난한 사람들을 돕는 것에 반대하는 정치 세력을 강화한다. 그들은 '늘 그러하듯이' 기후 변화가 일어나지 않을 것처럼 또는 문제가 되지 않는 것처럼 가장하고, 이민을 최소화하고, 기업의 불법 행위를 외면하는 등 직간접적으로 자주 기득권 세력을 지원한다.

그 결과 역설적인 상황이 발생한다. 다시 말해 우리는 총합 통계는 삶이 나아지고 있다고 시사하지만 많은 부유층과 중간계급을 포함하여 아주 많은 사람이 점점 더 불안전해지고 있다고 느끼는 사회에서 살고 있다.

'원조산업'을 보내고 '개발을 위한 글로벌 파트너십' 맞이하기

그렇다면 부자 나라는 어떻게 가난한 나라와 가난한 사람들이 번영하도록 도울 수 있는가? 단순히 대외 원조를 통해 그것을 달성할 수 있다는 생각은 그간 시들해졌으며, 2000년경 이후에는 개발을 위한 글로벌 파트너십(밀레니엄개발목표의 여덟째 목표)이라는 아이디어가 앞으로 나아갈 방식으로 확인되어 왔다.

그러나 그러한 글로벌 파트너십을 구축하고자 한 첫 15년은 제한된 결과만 낳았다. 이는 부분적으로는 부유한 세계 ─ 부유한 세계를 G7/G8, OECD, G20, 또는 다른 실체 중 그 어떤 것으로 상정하든 간에 ─ 가 집합행위에 동의하기 쉽지 않기 때문이다. 그리고 부분적으로는 부유한 국가와 신흥 국가의 경제 및 정치 엘리트들이 단기적인 자기 이익을 추구하는 것으로부터 이득을 얻고, 대외 원조를 이용하여 자국 내의 정치적 목적을 달성하며, 뉴욕에 있는 UN에서 원대한 성명을 발표하지만 그 성명을 실행하기 위한 자원을 조달하지는 않고, 무역 정책 개혁을 약속하지만 정책을 바꾸지는 않기 때문이다.

이러한 장애물이 우리를 절망하게 할 수도 있지만, 수억 명의 가난한 사람들의 삶이 최근 나아지고 있다면 그러한 비관주의는 현명하지 못할 것이다. 우리에게 주어진 과제는 현재 심화되는 기후 변화와 불평등의 문제에 대처해 나가면서 그러한 진전을 가속화하는 방법을 찾는 것이다. 이 과제를 체계적으로 이해하기 위해서는 세 가지 주요한 측면을 분석적으로 나누어 살펴볼 필요가 있다.

첫째는 대외 원조와 국제 개발 기관의 활동을 개선하는 것이다. 이것은 제2장의 주제이다.

둘째는 '원조를 넘어서' 모두를 위해 복지를 향상시킬 수 있는 보다 폭넓은 정책을 모색하는 것이다. 이는 단순히 대외 원조 프로젝트와 다자간 개발 기관의 활동이라는 측면에서가 아니라 보다 큰 그림 속에서, 다시 말해 글로벌 자본주의의 진화와 사회적·정치적 변화의 역사적 과정이라는 측면에서 글로벌

부자 나라들이 가난한 사람들을 도와야 하는가

빈곤과 번영의 동학을 보다 심층적으로 이해하는 것을 말한다. 이는 글로벌 개발의 보다 광범위한 경제적·정치적 과정을 분석하는 제3장의 주제이다.

셋째로는, 다극화된 세계, BRICs(브라질, 러시아, 인도, 중국 — 그리고 때로는 남아프리카를 포함시키기도 한다), 상품의 슈퍼사이클, 급증하는 불평등, 접속 혁명을 특징으로 하는 21세기에 부자 나라들이 어떻게 가난한 나라와 가난한 사람들을 도울 수 있는지 이해하기 위해서는 부자 나라들이 가난한 사람들의 장래를 돕거나 방해할 수 있는 것들 — 무역, 금융, 이주, 소비 패턴, 기후 변화, 국가 건설, 불평등 — 을 더 광범하게 살펴볼 필요가 있다.[12] 이는 부자 나라들이 가난한 사람들을 진정으로 도울 수 있는 방법을 찾아보는 제4장의 주제이다.

최근에 UN이 밀레니엄개발목표MDGs에서 지속가능개발목표Sustainable Development Goals: SDGs로 전환한 것은 국제 개발을 하나의 원조 '프로젝트'로 바라보는 관념을 넘어서는 데 유리한 환경을 만들어내고 있다. 부자 나라들에게 요구되는 핵심적인 활동은 경제적·사회적 진보를 위한 진정한 글로벌 파트너십 또는 거의 글로벌한 파트너십의 구축으로 나아가는 데 필요한 조치를 취하는 것이다. 그러한 조치들로는 도하Doha 협상의 교착 상태를 타개하는 것, 친빈민 무역 라운드에 동의하는 것, 글로벌 기후 변화에 기여하는 정도에 따라 완화와 적응 비용을 지불하는 방식의 기후 정의 해결책에 합의하는 것, 주요 글로벌 기관의 거버넌스를 재구조화하는 것, 불법 금융 이전으로 개발도상국의 재정이 유출되는 것을 막는 것, 빈곤국이 개발금융에 합리적인 조건으로 접근할 수 있도록 개선하는 것 등을 들 수 있다.

결론에서 나는 가난한 사람들에 대한 부자 나라들의 정책과 행동을 개혁하는 데 공중의 지지가 동원될 수 있는지, 그리고 동원될 수 있다면 어떻게 동원될 수 있는지를 탐구한다. 이것은 21세기 초에 이루어진 '글로벌 빈곤 퇴치' 노력에서는 빠졌던 요소였다. 부유한 세계의 많은 지도자가 국제 정상회담에서 정책 개혁을 공개적으로 약속했지만, 그들은 실제로는 그러한 약속을 무시했다. 왜냐하면 그들은 그 약속을 지키라는 국내 정치 세력의 압력을 크게 받지 않았기 때문이다.

글로벌 빈민을 위해 공중과 엘리트의 지원을 동원하는 것에 대해 생각한다는 것은 작은 것 — 탄소 발자국을 줄이는 것, NGO/옹호 단체를 신중하게 선택하여 가입하는 것, 공정무역 상품을 구입하는 것, 이웃과 이야기하는 것 — 을 원대한 야망을 가지고 생각한다는 것을 의미한다. 어떻게 하면 국가적·국제적 사회 규범에 도전하는 토론을 확대하고 활성화해서 '별 탈 없이 살고 있는' 전 세계의 사람들로 하여금 부유한 세계 속에 빈곤이 존재한다는 사실은 도덕에 위배되는 일일 뿐만 아니라 자신은 물론 자신의 자녀와 손자 손녀들이 잘살 것이라는 전망에도 하나의 장애물이 된다는 것을 느끼게 만들 수 있을까?

제2장

대외 원조의 한계

2000년 UN의 189개 회원국은 만장일치로 다음과 같이 선언했다. "우리는 현재 10억 명 이상이 처해 있는 비참하고 인간성을 박탈하는 극단적 빈곤 상황으로부터 우리의 동료 남성, 여성, 아이들을 해방시키기 위해 노력을 아끼지 않을 것이다. 우리는 전체 인류를 결핍으로부터 …… 해방시키기 위해 헌신하고 있다."[1]

이 선언 이후 세계의 부자 나라들(또는 적어도 OECD 회원국들)은 가난한 나라들의 빈곤 퇴치에 약 2조 달러를 지출해 왔지만, 여전히 거의 10억 명의 사람들이 극단적인 빈곤 속에 살고 있으며, 약 30억 명의 사람들이 인간의 기본적인 욕구를 충족시키지 못하고 있다. 대외 원조가 실패해 온 것인가, 아니면 부자 나라들이 너무 인색했던 것인가, 아니면 빈곤 퇴치는 대외 원조로는 해결되지 않는 것인가?

원조: 양이 중요한가 아니면 질이 중요한가?

공적 개발 원조ODA는 공여국이 수혜국(보통 저소득 국가 또는 중하위 소득 국가)[2]에 무상원조 또는 (금융시장이 부과하는 것보다 낮은 이자율을 매기는) 양허성 차관의 형태로 제공하는 금융이다. 수혜국에게 무상원조는 대출보다 훨씬 낫다. 대출은 가난한 나라의 부채 부담을 증가시켜 미래에 문제를 일으킬 수 있다.

'원조'가 실제로 ODA인지를 판단하기란 항상 쉽지 않기 때문에, 원조의 양은 신중하게 측정되어야 한다. 일부 원조는 공여국으로부터의 수입이나 수혜국에서의 자연 자원 추출 계약과 결부되어 있으며, 따라서 이것이 진정으로 양허적인지를 평가하기란 쉽지 않다. 중국의 원조를 비판하는 서구인들은 그것이 원조를 가장한 상업 금융이라고 주장한다. 서구인들은 그런 속임수를 잘 알아채야 한다. 유럽과 미국은 20세기 중후반에 (자국 기업을 지원하기 위해) 막대한 양의 수출 차관을 '원조'로 선언했다.

재해와 비상사태에 대처하기 위해 제공되는 ODA의 상당 부분은 **인도주의적**인 것이지만, 대외 원조의 대부분은 **국가 발전**을 위해, 구체적으로는 도로와 인프라를 건설하기 위해, 교육 및 의료 시설을 확충하기 위해, 젠더 평등을 촉진하기 위해, 각국 정부를 더 효율적으로 만들기 위해, 그리고 민간 부문이 발전하는 것을 돕기 위해 제공된다. 한 정부가 다른 정부에 직접 제공하는 원조는 **양자 원조**bilateral aid라고 불린다. 부자 나라에서 UN이나 세계은행과 같은 다자간 기구로, 그리고 그다음에 더 가난한 나라로 전달되는 원조는 **다자 원조**multilateral aid라고 불린다.

대외 원조의 기원은 제2차 세계대전 직후의 마셜 플랜Marshall Plan — 전쟁으로 파괴된 유럽을 재건하기 위한 미국 정부의 지원 — 으로까지 거슬러 올라간다. 마셜 플랜은 아마도 지금까지 세계에서 가장 성공을 거둔 원조 프로그램이었을 것이다. 유럽이 빨리 산업 성장을 회복하고 복지를 향상시킴에 따라 (미국과 유럽에서) 마셜 플랜은 대성공을 거둔 것으로 판단되었다. 이는 국가 발전이 ODA의 대대적인 투입, 이른바 '빅 푸시big push'를 통해 달성될 수 있다는 생각을 조장했다.

1950년대에 탈식민화가 탄력을 받으면서 부자 나라들은 자신들의 옛 식민지들에서 원조 프로그램을 실행했다. 부자 나라들은 또 다른 마셜 플랜에 대해 이야기했다. 그러나 그러한 프로그램들의 원조량은 마셜 플랜에 필적하는 수준이 아니었다. 1960년대에 냉전 시대가 펼쳐지고 미국과 소련이 동맹국을 '매수'하려 함에 따라 ODA의 규모가 커졌다.

오늘날에도 여전히 그러하듯이, 원조가 공식적으로 선언한 목표는 수혜국의 개발을 촉진하는 것이었지만, 공여국의 상업적·지정학적·외교적 자기 이익이 수혜국의 선택, 제공되는 원조의 양, 원조의 용도에 큰 영향을 미쳤다. 캐럴 랭커스터Carol Lancaster에 따르면, 공여국이 원조 프로그램을 시작하는 주된 동기는 대개 자기 이익이지만, 시간이 지남에 따라 '도덕적 비전'이 그러한 활동을 얼마간 틀 짓기 시작한다. 그러나 이것은 나라마다 크게 다르다.[3]

1990년에 냉전이 종식된 이후 대외 원조는 꾸준히 감소하기 시작했지만, 부채탕감을 위한 주빌리 캠페인Jubilee Campaign, 밀레니엄개발목표, 2002년 몬테레이 개발금융 정상회의가 원조 수준을 간신히 안정시키고 결국에는 끌어올렸다. ODA의 순규모는 2000년에서 2005년 사이에 약 800억 달러에서 1200억 달러 이상으로, 그리고 2014년에는 1350억 달러로 증가했다(〈그림 2.1〉을 보라). 최근 이같이 원조 규모가 증가했음에도 불구하고, 부자 나라들의 ODA 순규모는 부자 나라들의 총생산의

그림 2-1 | OECD/개발원조위원회 공여국의 순ODA(2000~2014)

단위: 10억 달러(2013년 불변가격)

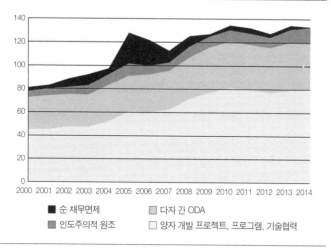

■ 순 채무면제 　　　　□ 다자 간 ODA
■ 인도주의적 원조 　　□ 양자 개발 프로젝트, 프로그램, 기술협력

자료: OECD/DAC, "2014 ODA Tables and Charts," Paris, 8 April 2015(www.oecd.org/dac/
stats/documentupload/ODA%202014%20Tables%20and%20Charts.pdf).

0.3%에 불과하다. 이는 그 나라들이 계속해서 목표로 선언한
0.7%에는 훨씬 못 미치는 수준이다.

　역사적으로 대외 원조 논쟁은 원조의 양, 즉 ODA의 총 규모
가 개발목표를 달성하기에 충분한지, 그리고 특정한 부자 나라
가 경제 능력에 비례하여 기여하고 있는지에 주로 초점이 맞추
어졌다. 이 논쟁은 특히 재정 수입을 창출하는 능력이 제한된
매우 가난한 나라에 대한 원조 제공을 놓고 여전히 벌어지고 있

제2장 대외 원조의 한계　　　　　　　　　　　　　　　　53

지만, 분석가들은 대부분의 수혜국에서 핵심적인 쟁점은 원조 규모가 아니라 수혜국이 개발금융 전반에 접근할 수 있는가 하는 것이라고 점점 더 주장해 왔다. 만약 그것이 맞다면, 원조 논쟁에서 핵심 쟁점은 원조가 효과적인가, 그리고 특히 원조가 수혜국의 점진적인 경제적·사회적·정치적 변화를 촉진할 수 있는가 하는 것이 된다.

원조는 효과가 있는가?

대외 원조의 열성적인 지지자들은 몇 가지 놀라운 성과를 지적하기도 한다. 원조를 재원으로 하는 캠페인은 전 세계적으로 천연두를 근절했고, 소아마비는 거의 근절되고 있다. 살충제 처리된 모기장은 사하라 사막 이남의 아프리카에서 유아 사망률을 낮추었다. 그리고 수백만 명의 AIDS 환자들이 원조를 재원으로 하는 레트로바이러스 의약품을 공급받음으로써 오늘날까지 잘 살고 있다. 원조를 재원으로 하는 '녹색 혁명'은 많은 아시아 지역에서 밀과 쌀 재배 농민들의 전통적인 생산성을 두 배, 세 배, 또는 네 배까지 늘렸다. 아프리카와 아시아 전역에서는 여학교 비율이 급증했다.

원조를 비판하는 사람들은 다른 일단의 사례를 지적한다. 콩고 민주 공화국(자이레)의 모부투 대통령과 말라위Malawi의 반다Banda 대통령 같은 독재자들에게 제공된 원조는 그들이 주민들을 궁핍하게 만드는 동안에도 권력을 유지할 수 있게 하는 데 일조했다. 2002년부터 아프가니스탄에 지원된 무상원조는 약탈되었다. 많은 돈이 도착한 지 몇 초 만에 아프간 은행에서 해외의 비밀 은행 계좌로 직접 이체된 것으로 보인다. 할리버튼Halliburton[미국의 에너지 기업_옮긴이]은 이라크의 고형 폐기물 제거 계약에서 과도한 이익을 얻었다. 그리고 아이티Haiti에 쏟아부은 막대한 양의 원조는 곤경에 처한 사람들의 복지나 경제적 전망에 그다지 도움을 주지 못한 것으로 보인다.

원조 효과 논쟁의 대립적인 측면은 일부 주요 저술가들이 정반대의 견해를 피력했기 때문에 쉽게 식별할 수 있다(하지만 우리가 앞으로 살펴보듯이, 가장 유용한 실용적인 조언을 제공하는 것은 덜 양극화된 입장을 취하는 더 미묘한 분석가일 수 있다). 한쪽 극단에는 원조가 대체로 효과적이라고 주장하는 저술가들이 있다. 이 입장은 UN 사무총장 코피 아난Kofi Annan과 반기문의 수석 고문인 제프리 삭스Jeffrey Sachs에 의해 주도되고 있다. 삭스는 밀레니엄개발목표가 2015년까지 완전히 달성될 수 있다고 주장했다. 필요한 것은 더 많은 ODA뿐이었다. 삭스에 따르면, 밀레니엄개발목표에 도달하기 위한 지식, 기술, 조직적 능력은 충분했고, 만약 공여국들이 더 많은 원조를 제공하기만 했더라도(실제로 2006년에는 1210억 달러가 추가로 제공되었으며, 2015년에도 1890억 달러가 추가로 제공되었다), 그 목표는 세계 모든 지역에서 달성될 수 있었을 것이다.

이 스펙트럼의 반대편에는 때때로 공개 토론에서 삭스로 하여금 눈물을 흘리게 하는 사람이 서 있다. 그가 바로 『전문가들의 전제정치The Tyranny of Experts』와 『백인의 짐The White Man's Burden』이라는 책을 쓴 빌 이스털리Bill Easterly이다. 이스털리가 모든 대외 원조가 실패했다고 주장하지는 않지만, 그가 제시한 자료는 그렇게 느끼게 한다. 그는 삭스의 지나친 낙관주의를 꾸짖고, 전 영국 총리 고든 브라운Gordon Brown과 같은 원조 지지자들을 비난한다.

고든 브라운은 세계 빈민의 또 다른 비극에 대해, …… [구체적으로 말하면] 서방이 지난 50년 동안 대외 원조에 2조 3000억 달러를 썼지만 여전히 모든 말라리아 사망의 절반을 막을 12센트짜리 약을 아이들에게 제공하지 못하고 …… 500만 명의 아동 사망을 막을 3달러를 각각의 초보 엄마에게 제공하지 못한 비극에 대해 침묵했다. …… [그렇다고 해서] 그토록 많은 선의

부자 나라들이 가난한 사람들을 도와야 하는가

의 동정심이 궁핍한 사람들에게 그러한 결과를 초래한 것은 아
니었다.[4]

이스털리가 볼 때, 필요한 것은 더 적고 더 효율적인 원조이다.

가장 극단적으로 원조에 반대하는 입장을 취하는 사람은 담
비사 모요Dambisa Moyo이다. 그녀는 『죽은 원조Dead Aid』에서
"원조가 빈곤의 사이클을 지속시키고 지속 가능한 경제성장을
저해한다는 것을 보여주는 매우 설득력 있는 근거들 …… 에도
불구하고 원조는 개발 의제의 중심에 여전히 남아 있다"라고 주
장한다.[5] 그녀는 신랄하게 원조를 공격하며, ODA가 아프리카
정부를 타락시키고 아프리카 엘리트와 중간계급이 정부나 기
업을 운영하는 데 힘쓰기보다는 원조를 챙기도록 부추긴다고
주장한다. 이러한 관점에서 볼 때, 원조는 비효율적일 뿐만 아
니라 파괴적이기도 했다. 외국의 원조를 즉시 중단해서 민간 금
융과 시장이 마법을 부릴 수 있도록 해야 한다.

이러한 서로 정반대되는 입장들은 우리가 원조에 대한 찬성
논거와 반대 논거를 확인하는 데에는 도움을 주지만, 원조를 더
효과적으로 이용하는 세부 방책에 대해서는 상대적으로 거의
어떤 말도 하지 않는다. 지식 상태에 대한 삭스의 과장 — 이제는
과학이 실제로 빈곤에 대한 해결책을 제공하고 있으며, 따라서 필요한

것은 더 많은 돈일 뿐이라는 그의 주장 — 은 지식수준을 해로울 정도로 부정확하게 평가하고 있다. 이스털리의 박식한 냉소주의는 해로운 비관주의를 넘어서는 어떤 실제적인 조언도 하지 않는다. 그리고 아프리카 여성인 모요가 (나를 포함한 보통의 나이든 백인 남성 이상으로) 이러한 문제에 대해 숙고하고 있다는 것은 훌륭한 일이지만, 모요는 원조의 효과를 전적으로 묵살함으로써 일부 원조가 비록 충분하지는 않지만 아프리카의 가난한 사람들의 전망을 개선하고 있다는 증거들 — 원조가 그들이 학교에 다니고 예방 접종을 받고 AIDS에서 살아남고 말라리아를 피하고 에볼라 감염을 피하는 데 들어가는 비용을 제공하고 있다는 것 — 을 무시하고 있다.

원조 효과를 둘러싼 뜨거운 논쟁을 이해하기 위해서는 '원조 성공' 입장과 '원조 실패' 입장의 배후에 있는 논거를 면밀하게 살펴볼 필요가 있다. 그 입장들은 (1) 원조 프로젝트 및 프로그램의 성과에 대한 사례 연구, (2) 이론적 입장, (3) 더 많은 원조를 받은 국가가 더 빠른 경제성장 또는 더 큰 빈곤 감소를 경험했는지에 대한 계량경제학적 평가에 기초한다.

첫째 형태의 증거는 어떤 사례를 선택하는지에 달려 있다. 이 증거는 (삭스를 겨냥한 비판에 대해서는) 주로 유리한 사례를 선택함으로써, 또는 (모요에게 쏟아진 비판에 대해서는) 주로 불리한

부자 나라들이 가난한 사람들을 도와야 하는가

사례를 선택함으로써 인위적으로 조작될 수 있다.

둘째 근거와 관련된 일련의 주장은 대조되는 이론적 명제를 중심으로 전개된다. 원조 낙관론자들은 '빅 푸시', 즉 ODA의 대대적 투입이 가난한 나라들에 충격을 가하여 경제성장과 인간 개발을 촉진할 것이라는 이론화를 계속하고 있다. 원조 비관론자들은 원조가 민간 부문 투자를 밀어내고 거시경제 안정을 위협하며 '네덜란드병Dutch disease'[6]을 유발한다는 가설을 세운다. 이들 이론의 예측 능력은 그 이론들을 뒷받침하는 가정(완벽한 정부 또는 완벽한 시장)이 실세계의 상황과 부합하거나 부합하지 않는 정도에 달려 있다.

계량경제학적 작업의 결과는 적용된 모델, 기본 가정, 데이터의 가용성과 질에 따라 달라진다.[7] 유난히 명석한 사람들이 "원조가 효과를 내고 있다"는 것을 증명하거나 "원조가 실패하고 있다"는 것을 증명하기 위해 기술적 정교화를 시도하고 있지만, 그러한 정교함 때문에 우리가 그러한 작업이 과연 유익한 것인가 하는 의문마저 접어서는 안 된다. 노벨 경제학상을 수상한 경제학자 앵거스 디턴은 "연구자들은 원조가 성장에 미치는 효과를 분리하려고 노력하는 데 엄청난 창의력 − 그리고 훨씬 더 많은 어리석음 − 을 쏟아부어 왔다"라는 말로 그러한 작업에 경종을 울린 바 있다.[8]

실제로 우리는 원조가 (특정한 형태로, 특정한 곳에서, 때때로) 효과가 있다는 것을 알고 있으며, 원조가 (특정한 형태로, 특정한 곳에서, 때때로) 실패한다는 것도 알고 있다. 그간의 역사적 개입이 가져온 평균적인 결과가 긍정적인지 아니면 부정적인지를 아는 것은 오늘날의 정책에 그다지 적실성을 지니지 못한다. 우리에게 요구되는 지식은 특정 시기에 특정 국가에서 효과를 낼 원조 형태를 선택하는 데 필요한 지식, 그리고 효과가 없거나 유해한 원조 프로그램을 피하는 방법에 관한 지식이다.

로저 리델Roger Riddell의 저서 『대외 원조는 정말로 효과가 있는가?Does Foreign Aid Really Work?』는 원조 정책과 그 결과로 알려진 것을 공들여 분석한 책으로 손꼽힌다.[9] 리델은 잘하는 일로 공여국의 제품 및 서비스를 원조에서 분리시키는 것, 원조를 이용하여 가난한 사람들의 손에 현금을 직접 쥐어주는 것, 원조를 더 예측 가능하게 만드는 것, 공여자들이 종종 경쟁하는 소규모 프로젝트를 다수 진행하기보다는 공여자들이 협력하여 지원하기로 하는 개혁에 합의하는 것(이를테면 파리 선언), 조건부 정책을 줄이는 것, 그리고 수혜자들로 하여금 자신들의 경제 정책을 결정하게 하는 것을 지적한다.

원조 관계의 다른 한쪽, 즉 가난한 나라들과 관련해서는 그간 (정책이나 프로젝트가 아니라) 역사적 국가 형성 과정이 국가 발전을 크게 결정한다는 인식이 점점 더 증가해 왔는데, 이는 원조 프로그램의 결과를 본질적으로 예측할 수 없는 것으로 만든다.

낸시 버드설Nancy Birdsall과 그녀의 동료들이 주장하듯이, 아마도 원조 효과에 초점을 맞추는 데 따르는 가장 큰 문제는 "원조를 가장 필요로 하는 나라들이 원조를 잘 이용하지 못하는 나라들"인 경우가 많다는 사실일 것이다.[10] 빈곤이 가장 극심하고 원조가 가장 필요한 나라들에서 원조를 효과적으로 이용해야 할 정부와 지도자들이 열의와 능력을 갖추고 있지 못한 경우가 많다. 이러한 나라들 − 아프가니스탄, 콩고민주공화국, 아이티, 소말리아 및 여타 50~60개 국가 − 에서 ODA를 제공하고 ODA를 효과적으로 사용하는 것은 극단적인 빈곤을 해결하기 위한 전략에서 단지 작은 부분만을 차지할 수도 있다.

신참자들: 중국, BRICs … 빌 앤 멜린다 게이츠 재단

짜증나게도 부자 나라들이 제공하는 대외 원조에 대한 우리의 지식과 이해가 크게 향상되고 있을 때, 원주를 제공하는 게임의 전체 틀이 크게 바뀌고 있다. 빌 앤 멜린다 게이츠 재단Bill & Melinda Gates Foundation과 같은 거부 신탁기금의 부상과 함께 중국, 그리고 그 정도는 덜하지만 다른 BRICs의 부상은 원조 제공의 맥락을 변화시켰다.

과거에 가난한 나라들은 공여자들(OECD 회원국과 다자 기구들)의 ODA를 제공받기에 앞서 IMF와 세계은행의 정책과 조건에 동의해야 했다. 가난한 나라들이 그러한 '전통적인 공여자'들로부터 받는 원조는 부자 나라의 원조 정책과 부합해야만 했다. 이를테면 1980년대에는 여성 개발을 촉진하는 것, 그리고 1990년대에는 좋은 통치를 장려하는 것을 전제 조건으로 했다.

중국이 원조 공여국으로 등장하면서 상황이 달라졌다. 가난한 나라들은 이제 선택의 여지를 가지게 되었다. 가난한 나라들은 OECD 국가들로부터 원조를 받을 수도 있고, 중국(그리고 그 정도는 덜하지만 인도나 브라질)과 같은 '비전통적인 공여자들'로부터 원조를 받을 수도 있다. 만약 가난한 나라들이 자신의 카드를 신중하게 이용한다면, 그들은 동시에 두 가지 원천으로부터 원조를 받을 수도 있다. 전통적인 공여자들은 자신들의 ODA 정책과 정해진 조건에 따라 원조 용도를 결정하려고 할 것이지만, 중국은 개발도상국 정부, 특히 개발도상국의 지도자들이 우선순위로 지목하는 모든 것에 자금을 지원하는 방식을 취해왔다.

중국의 원조 프로그램은 2000년 이후 대단히 확대되어 왔다.

하지만 중국의 대외 원조와 정부 후원 투자 활동foreign aid and government-sponsored investment activity: FAGIA이 ODA에 대한 OECD /DAC의 정의를 실제로 얼마나 충족시킬지를 판단하기는 쉽지 않다. 많은 FAGIA 대출은 보조금의 성격을 그리 가지고 있지 않다. 실제로 중국 개발금융 가운데 어느 정도의 비율을 ODA로 분류할 수 있는지를 판단하는 데에는 어려움이 따르고, 그러한 어려움은 세계 원조량에 대한 분석을 점점 더 부정확하게 만든다. 그럼에도 불구하고 2011년에 약정된 1890억 달러라는 액수는, 비록 그 수치가 과장되었다고 하더라도, 엄청난 양의 투자이다.[11] 이러한 원조/FAGIA의 많은 부분은 중국과 가난한 나라 양자 간에 특히 인프라 프로젝트(도로, 교량, 철도, 관개 수로)에 집중적으로 투자하는 것을 명목으로, 그리고 때로는 중국 기업의 자연 자원 추출과 관련된 지불금의 형태로 제공된다.

이러한 원조/FAGIA의 '원조 효과'에 대한 분석은 아직 초기 단계에 있으며, 논평자들은 인프라의 편익과 자원 추출 및 채무 변제의 비용을 부정적 또는 긍정적으로 가정함으로써 그 분석 결과를 판단하는 경향이 있다. 일부 연구는 생산성을 향상시켜 주는 대규모 인프라 투자가 (특히 아프리카에서) 성장을 자극할 것이라고 믿는다. 이와 함께 가난한 나라의 정부가 IMF/세계은행과 협상하는 데서 자신의 지위를 강화할 경우, 가난한 나라들이 일자리와 성장을 위해 더 비정통적인 거시경제 정책을 추구할 수 있을 것이라고 주장한다.

다른 분석가들은 상당히 다른 결론에 도달한다. 그들은 중국의 FAGIA 및 그와 결부되어 있는 향후 광물/탄화수소 접근권 거래가 많은 부채를 안고 있는 가난한 나라들에게 새로운 물결을 일으킬 수도 있다는 것을 발견한다. 그들은 또한 '나쁜' 정권 — 짐바브웨의 로버트 무가베Robert Mugabe, 수단의 오마르 알 바시르Omar al-Bashir, 앙골라의 호세 에두아르도 도스 산토스José Eduardo dos Santos — 에 대한 중국의 지지가 나쁜 통치를 조장한다고 주장한다.

그러나 중국이 양자 간에만 자금을 제공하는 것은 아니다. 중국은 다자간 개발금융에서도 점점 더 많은 역할을 하고 있다. 그 자금 중 일부는 아시아개발은행Asian Development Bank: ADB의 프로그램으로 제공되지만, 중국은 일본이 이 기관을 장악한 것에 불만을 품고 ADB와 직접 경쟁할 아시아인프라투자은행Asian Infrastructure Investment Bank: AIIB의 설립에 앞장섰다. 중국은 또한 BRICS(BRICs와 남아프리카 공화국South Africa)에서 주도적인 역할을 하고 있으며, 이들 나라는 IMF와 세계은행에 맞설 기관을 설립하기로 합의했다(제3장의 '금융' 부분을 보라).

빈곤 축소를 위한 원조의 상당 부분은 NGO가 모은 자선 기부금과 함께 NGO를 통해 전달된다. 실제로 부자 나라의 공중은 공식적인 양자 원조 기관보다 빅 브랜드 NGO들 — 옥스팜Oxfam, 케어CARE, 세이브 더 칠드런Save the Children, 월드 비전World Vision 등 — 을 더 잘 알고 있다. 빅 브랜드 NGO들의 성과를 보여주는 경험적 증거는 비록 제한적이기는 하지만, 빅 브랜드 NGO들은 확고한 명성을 가지고 있다.

우리는 이들 NGO와 함께 지난 10년간 글로벌 빈곤과 싸우는 자선 자본가들이 등장하고 있음을 목격해 왔다. 하지만 게이츠 재단을 제외하고 대부분의 '거물' 자선가들이 양자 및 다자간에 제공하는 원조는 규모가 상대적으로 작다. 그럼에도 불구하고 자선가들(그리고 관련 기업의 사회적 책임 활동)이 미치는 영향은 그들이 빈곤 감소에 추가적으로 기여하는 기금 이상으로 클 수 있다. 특히 소액금융microfinance에 대한 자선가들의 열성적인 홍보 — 소액금융이 빈곤 수준에 상대적으로 작은 영향을 미친다는 증거에도 불구하고 — 는 자선 행위가 공중의 인식을 틀 지을 수 있는 방식을 보여준다. 하지만 자선가들은 자신들의 자선을 이용하여 신자유주의적 자본주의와 그와 관련된 불평등의 증가를 가난한 사람들에게 좋은 것으로 홍보한다는 비난을 받아왔다.

게이츠 재단 — 빌 게이츠와 워런 버핏Warren Buffett이 자금을 지원했다 — 은 그 자체로 중요한 추가 재원이다. 게이츠 재단은 이미 2000년에서 2015년 사이에 300억 달러가 넘는 무상원조를 제공했다. 게이츠 재단에 대한 평가들은 게이츠 재단이 가난한 사람들에게 단기적으로 유익한 영향을 미친다는 증거를 제시하고 있기는 하지만, 개발에 대한 게이츠 재단의 기여는 크게 두 가지 측면에서 이의를 제기받고 있다.

첫째는 게이츠 재단이 백신 접종에 요구되는 '수직적 전달 프로그램'에 초점을 맞춤으로써 가난한 사람들이 직면하는 (그러나 손쉬운 해결책이 존재하지 않는) 다양한 주요 건강 문제를 해결할 수 있는 국가 의료 체계가 발전하는 것을 막았다는 것이다. 둘째는 게이츠 재단의 공여 방식이 반민주적이라는 것이다. 이는 2012년 우간다에서 내가 보는 앞에서 자세히 설명되었다. 내 학생 중 한 명이 보건부 장관에게 물었다. "우간다에서는 무엇이 미래 의료의 우선순위가 될 것인가요?" 장관이 대답했다. "나에게 묻지 말고 빌 게이츠에게 물어보세요. 게이츠가 무엇에 자금을 댈지를 결정할 것이고, 원조 공여자들은 그를 따를 것이고, 그것이 우간다의 우선순위가 될 것입니다."

바보야, 문제는 정치야

점점 더 영향력을 발휘하는 한 문헌은 개발에서 원조 기관과 외부 행위자가 수행하는 역할이 크게 과장되어 왔다고 주장한다. 버드설과 그녀의 동료들은 다음과 같이 기술한다. "개발은 가난한 나라들 자신에 의해 대체로 결정되는 것이며, 외부인들은 제한된 역할만 할 수 있다. …… 금융 지원 …… 은, 특히 최빈국들에서는, 성장을 촉발할 수 있는 제한된 능력만 [가지고 있]다."[12] 자원 부족이 문제가 아니라 뿌리 깊은 제도적 문제나 통치 문제가 주요한 문제인 것으로 보인다.

냉전 종식 이후 원조와 개발 기구들은 '안정된' 나라에서의 활동과 '취약한' 나라에서의 활동을 구분해 왔는데, 이는 평화, 정치적 안정, 그리고 원활하게 기능하는 정부가 모든 개발도상국의 자연 상태라는 믿음에 기초한 것이었다. 그런 상태가 아닌 나라들은 안정될 때까지 특별대우를 받을 필요가 있었다. 하지만 세상은 사람들이 생각하는 만큼 그렇게 단순하지 않았다.

대런 애스모글루Daron Acemoglu와 제임스 로빈슨James Robinson은 『국가는 왜 실패하는가Why Nations Fail』에서 그러한 입장이 지닌 어리석음을 지적한다.[13] 전 세계 200개가 넘는 국가 중에서 35~40개국만이 실제로 정치적 안정과 법치주의를 이룩하고 효과적으로 통치해 왔다. 대다수의 국가는 여전히 국가 형성의 초기 단계에 있거나 '충분히 좋은 통치' — 경제를 성장시키고 기본적인 복지를 개선할 수 있을 만큼 충분히 좋은 통치 — 를 향해 나아가기 위해 고군분투하고 있다. 뒤늦게 깨달은 것이지만, 우리는 1990년대에 가난한 나라들에게 '좋은 통치' — 즉, 의회, 다당제 선거, 반부패 기관, 지방분권, 공기업의 민영화 — 를 강제하려 했던 공여자들의 노력이 도움을 준 만큼이나 해악도 끼쳤다는 것을 알고 있다(러시아에서 일어난 일을 보라).

이러한 관점에서 볼 때, 선의를 가진 외국인과 원조 기관들의 최우선 과제는 (1) 사람들이 생존할 수 있도록 인도주의적 욕구를 충족시키는 것과 (2) 부패한 국가의 엘리트들이 경제를 약탈하고 공공 기관 — 이를테면 의회, 사법부, 경찰, 행정 기관 — 을 약화시킬 가능성을 줄이는 것이다. 이러한 분석에서는 "상황이 중요하다context is king." 즉, 진보에 기여하기 위해서는 그 어떤 개입도 특정 국가의 정치경제, 사회구조, 지도자에 대한 깊은 이해에 기초할 필요가 있다.

하지만 이는 오랫동안 원조를 잘 정의된 문제에 대한 하나의 기술적 해결책으로 제시해 온 원조 기관들에게는 불편한 메시지이다. 이는 원조 기관이 가난한 나라를 돕고자 할 때 필요한 것은 단지 정치적 분석이 아니라 주권국가의 정치적 변화에 대한 직접적인 관여(정치적 간섭이라고 할 수도 있는 것)라는 것을 시사한다. 이 문제를 더욱 복잡하게 만드는 것은 가난한 나라(또는 가난한 나라의 가난한 사람들)를 도우려는 노력에 내재하는 예측 불가능성을 공개적으로 인정할 경우 국내 납세자들이 기겁할 가능성이 있다는 것이다. 다른 나라에 원조를 제공하는 것이 갖는 유익한 결과를 확신할 수 없다면, 그것이 무슨 의미가 있겠는가? 그리고 어쨌든 "자선은 집에서 시작된다."

원조 프로젝트에서 큰 그림으로

폴 콜리어Paul Collier는 자신의 저서 『10억 명의 빈민The Bottom Billion』에서 다음과 같이 결론지었다. "원조는 심각한 문제를, 보다 특정해서 말하면 심각한 한계를 가지고 있다. …… 그러나 그 한계는 문제의 일부라기보다는 해결책의 일부이다. 우리에게 주어진 과제는 다른 조치들로 그 한계를 보완하는 것이다."[14] 그렇다면 원조 효과는 어떻게 높일 수 있으며, '다른 조치들'은 무엇인가?

빈곤 축소에 대한 원조의 기여도를 향상시키는 일은 복잡한 과제이지만, 몇 가지 조치는 매우 분명하다. 첫째, 원조에 매달

린 속박의 끈을 풀어야 한다(여기서 속박의 끈은 단순히 공여국으로부터 상품과 서비스를 구매하게 하는 것만을 의미하지 않는다). 이는 원조를 재원으로 하는 재화와 용역의 전달 비용을 줄일 수 있고, 가난한 나라(수혜국 또는 인근 개발도상국)가 그 재화와 용역을 이용할 가능성을 높일 수 있다. 아프리카 국가들이 더 낮은 비용으로 더 빨리 긴급 식량 원조 물자를 제공할 수 있는데, 대체 왜 비싼 미국 곡물을 대서양을 가로질러 수송하는가?

둘째, 원조를 이용하여 가난한 사람들과 매우 가난한 사람들의 손에 직접 현금을 쥐어주어야 한다. 현금 이전은 단기적으로는 빈곤을 줄이고 중장기적으로는 인간 개발을 촉진하는 데 현저하게 효과적이라는 것이 입증되고 있다.

셋째, 친빈민적인 공공재를 창출하는 데 원조의 우선순위를 두어야 한다. 이것은 가난한 사람들의 주요 건강 문제에 특히 중요하다. 왜냐하면 가난한 사람들과 관련한 질병은 부유한 세계의 제약회사들과 건강 기업에서, 그리고 자금이 부족한 열대 농업 연구에서도 낮은 우선순위를 차지하고 있기 때문이다.

넷째, 원조 전달 과정을 개선해야 한다. 즉, 원조의 양을 더 예측 가능하게 하여 원조 물량의 사용을 계획할 수 있게 해야 하고, 합의된 개혁을 시행함으로써 공여자들의 협력을 향상시켜야 하며, 조건부 정책을 줄여야 하고, 수혜국 정부가 국가 경

부자 나라들이 가난한 사람들을 도와야 하는가

제 정책을 수립할 수 있게 해야 한다.

이러한 개혁 중 어느 것도 로켓 과학을 필요로 하지 않는다. 이러한 개혁들 각각에서 이익을 얻을 수 있음을 보여주는 명확한 증거가 있으며, 정치적 지지를 받는다면 이 모든 개혁은 비교적 쉽게 실행할 수 있다.

그리고 만약 우리가 '원조를 넘어' 큰 그림으로 나아간다면, 부자 나라들은 어떤 정책 변화를 보완적으로 추구할 수 있는가? 그러한 정책 변화는 부자 나라의 경제적·정치적으로 강력한 기득권 집단의 반대에 부딪히기 때문에 진척시키기가 훨씬 더 어렵다. 이에 대해서는 이후 장들에서 다루겠지만, 여기서 그러한 보완적인 정책들의 목록을 열거해 두기로 하자.

- 가난한 나라와 가난한 사람들이 무역에서 파생된 이익의 더 많은 몫을 가질 수 있도록 **국제 무역 정책을 개혁한다**.
- **국제 이주를** 무역 정책의 요소이자 빈곤을 줄이는 매우 효과적인 수단으로 **인식한다**.
- **기후 변화에 맞서는 조치**(완화와 적응 지원하기)**를 취하고**, 지구온난화를 만들어내고 있는 부자 나라들의 역사적 역할에 대해 책임진다.
- (기업과 국가 엘리트들이) 가난한 나라에서 부자 나라로 수입

과 자산을 빨아들이는 것을 막기 위해 **글로벌 금융을 개혁한다**.

- **취약한 국가** 및 지역**과의 무기 거래를 제한하고**, 시에라리온Sierra Leone에서 성공을 거둔 팔리서 작전Operation Palliser과 같은 구체적인 사례에 대한 **군사 행동 지원**(예산, 기술, 심지어는 '낙하산 부대')**을 신중하게 검토한다**.

이 간단한 목록은 기억 속에서 떠오르게 하기 위한 메모일 뿐이다. 큰 그림과 씨름한다는 것이 무엇인지를 다음 장들에서 좀더 자세하게 살펴보자.

제3장

무엇을 할 수 있는가

만약 대외 원조가 부자 나라들이 가난한 사람들을 돕는 주요한 방법이 아니라면, 어떤 정책들이 큰 변화를 만들어낼 수 있을까? 어떻게 하면 가난한 나라들이 오늘날의 자본주의에 편입되어 공평하고 지속가능한 경제성장을 촉진할 수 있을까? 성장에서부터 시작해 보자.

성장에 대한 이해할 수 없는 탐구[1]

부자 나라들과 그들이 통제하는 다자간 개발 기구들은 오랫동안 경제성장을 빈곤의 치료제로 규정해 왔다. 그러나 동시에

장하준에 따르면, 그들은 자주 '나쁜 사마리아인bad Samaritan'이
었고, 개발도상국의 경제성장 가능성을 약화시켰다.[2] 그런 일
은 이제 중단되어야 한다. 이제 부자 나라들은 좋은 사마리아인
이 되어야 한다.

일자리를 창출하고 복지를 증진시키는 경제성장을 어떻게
달성할 것인가를 둘러싼 현대의 정책 논쟁은 서유럽, 북미, 동
아시아에서 이루어진 성장에 관한 이론화에서부터 진전되어
왔다. 이들 논쟁의 중심에는 국가와 시장의 역할 비교에 관한
뜨거운 논쟁이 자리하고 있다. 좌파 이데올로그들은 국가가 개
발을 이끄는 것으로 본다. 오직 국가만이 성장을 뒷받침하는 공
공재(법질서, 인적 자본, 인프라)를 제공할 수 있고, 민간 부문이
노동자와 가난한 사람들을 착취하는 것을 막을 수 있다. 우파에
서는 국가를 개발의 주요한 장애물로 간주한다. 상황을 그냥 시
장에 맡겨두면 성장이 뒤따라 일어나고 경제성장의 이점이 '트
리클다운'됨에 따라 빈곤이 줄어든다고 본다.

1950년대와 1960년대에 대부분의 개발도상국은 미국과 그
동맹국들의 지원을 받아 UN과 세계은행이 추천한 국가 주도형
혼합 경제 전략이라는 절충안을 선택함으로써 그러한 극단적
인 입장에서 벗어났다. 이 전략은 수입 대체 산업화 — 이는 유아
기의 산업을 보호하는 역할을 한다 — 를 통해 성장을 추구했고, 자

부자 나라들이 가난한 사람들을 도와야 하는가

주 5개년 국가 계획을 중심으로 추진되었다.

급진적인 대안적 전략 — 자본주의 세계 경제 및 전체주의적인 중앙집중적 계획과 연계관계를 끊는 것에 기초한 국가 통제적인 공산주의적 개발 — 을 추구한 것은 버마, 캄보디아, 중국, 쿠바, 북한, 북베트남과 같은 소수의 국가뿐이었다. 건강과 교육의 상태가 급속히 향상된 쿠바를 제외하고는 이러한 자급자족 전략은 성장에 재앙적인 것으로 판명되었고, 억압, 심지어는 대학살(캄보디아와 중국)과 결부되어 있었다.

1970년대 후반에 신자유주의적 사고가 전 지구를 지배하고 1980년대에 부채 위기가 발생함에 따라 모든 것이 바뀌었다. 대부분의 원조 수혜국에서 IMF와 세계은행이 설계한 '구조조정 프로그램'이 채택되거나 강제되었다. 구조조정 프로그램들은 국가를 축소시키고 모든 경제 개발 활동과 증가하는 사회 정책에 대한 책임을 민간 부문에 부여하는 데 초점을 맞추고 있었다. "민영화, 자유화, 탈규제"라는 워싱턴 컨센서스_{Washington} Consensus의 주문呪文은 성장과 복지를 제공하는 고삐 풀린 시장을 만들기 위해 노력했다.

그러나 이 모델을 뒷받침하는 이론적으로 완벽한 시장은 현실과 맞지 않았다. 많은 국가에서 구조조정이라는 약을 복용하자 성장은 낮게 유지되거나 둔화되었다. 때때로 특히 저소득 도시 가구와 여성에게서 빈곤이 심화되었다. '수익자 부담금user fees'의 도입으로 인해 많은 가난한 사람에게서 기초 보건 서비스 및 초등 교육 서비스에 대한 접근이 재앙적 수준으로 줄어들었다.

1990년대 동안에는 성장의 부족과 구조조정의 부정적인 결과에 대한 우려가 그러한 정책들을 완화시켰다. 경제 전략을 놓고 다시 활발한 논쟁이 벌어졌다. 이 논쟁에서는 IMF/세계은행의 자유화 및 성장 전략이라는 한편과 국가, 시장, 시민사회의 주요 역할과 보건 및 교육에 대한 더 많은 지출을 기반으로 하는 UN의 인간 개발 전략이라는 다른 한편이 대립했다.

선도적인 연구자와 개발 기관들이 벌여온 논쟁, 즉 성장을 친빈민적으로 만드는 방법(시장을 통해서 그렇게 할 것인가 아니면 국가의 조치를 통해서 그렇게 할 것인가?), 인간 개발 정책의 상대적 우선순위 설정(웰빙에 가장 기여하는 정책을 우선적으로 추진할 것인가 아니면 미래의 경제성장에 가장 기여하는 정책을 먼저 추진할 것인가?), 최선의 서비스 전달 형태(공적 전달 체계가 최선인가, 사적 전달 체계가 최선인가, 아니면 공적-사적 파트너십 체계가 최선인가?)에 대한 논쟁은 이제 매우 미묘한 차이만 보이고 있다.

하지만 이것이 모든 사람이 '중간의 입장에' 서 있다는 것을 뜻하지는 않는다. 왜냐하면 어떤 전략 및 그 전략 내의 혼합 정책은 워싱턴 컨센서스의 입장에 더 다가간 반면 다른 전략은 국가 주도적인 혼합 경제의 입장에 훨씬 더 가까워졌기 때문이다. 세계은행 조사부와 일련의 『세계 개발 보고서World Development Report』는 1990년대 후반 이후 개발에서 국가가 중심적인 역할을 한다는 점과 불평등의 증가가 빈곤을 해결하는 데서 또 다른 문제들을 만들어낸다는 것을 인정하는 등 UN의 입장에 상당히 더 가까이 접근해 왔다. 심지어 IMF의 연구자들조차 이제는 소득 불평등이 성장에 나쁘다고 걱정하고 있다.

하지만 세계은행과 IMF의 연구 결과에서 나타나는 이러한 점진적인 입장 변화가 그들의 정책 지침에서 동등한 변화를 동반하지는 않았다. 이 두 기관 내부와 기관 간에 어떤 정책이 최선인지를 놓고 열띤 논쟁이 있어왔다. 노벨 경제학상 수상자인 조지프 스티글리츠Joseph Stiglitz는 정통적인 IMF 안정화 프로그램이 경제성장을 지연시킨다는 것을 보여주는 증거를 부각시켰다는 이유로 세계은행에서 사임을 강요받았다.

성장에 관한 세계은행의 조사를 검토한 한 권위 있는 독립적인 연구는 "그러한 연구노선의 많은 부분이 현재 그 결과를 신뢰할 수 있다고 볼 수 없을 정도로 심각한 결함을 가지고 있는 것으로 보인다"라고 지적했다.[3] 세계은행 조사부는 자유화를 찬성하는 입장을 지지하는 제대로 검증되지 않은 연구를 이용하여 "자주 증거에 대한 균형 잡힌 견해를 취하지 않고 또 적절한 회의적 시각을 적시하지 않은 채로 세계은행 정책의 전도사 역할을 했다. 세계은행의 입장에 유리한 내부 조사는 크게 부각시킨 반면, 불리한 조사는 무시했다."

세계은행과 IMF의 자유시장 지향성은 최근 몇 년 동안 완화되었다. 그리고 세계은행은 공개 성명을 통해 점점 더 부문별로 절충주의적 입장 ─ 각국은 성장, 인간 개발, 그리고 더 나은 통치방식을 추구할 필요가 있다는 ─ 을 취함으로써 UN의 입장 가까이로 이동해 왔다. 그러나 세계은행이 IMF처럼 교육, 보건, 사회 보호에 대한 지출을 제한할 정도로까지(그렇게 할 경우 현재의 고통은 증가하는 반면, 사람들이 미래의 경제성장과 사회 진보에 기여할 수 있는 잠재력은 감소한다) 계속해서 거시경제 안정과 경제성장을 우선시해야 하는지에 대해서는 여전히 논쟁이 벌어지고 있다.

소속 연구원들이 '비정통적인' 연구 결과를 점점 더 많이 내놓고 있음에도 불구하고, IMF에 신자유주의 문화가 아주 온전하게 남아 있다는 것은 분명하다. 이는 IMF가 서아프리카 국가에 의료 지출 통제를 강요한 것이 2014~2015년 에볼라 위기를 부채질했다는 것을 보여주는 증거에 의해 생생하게 예증된다.[4]

IMF와 세계은행의 처방과 상관없이 가난한 나라들은 이제 더 비정통적인 전략으로 전환하려고 노력하고 있다. 이는 부분적으로는 국가에 의해 주도되는 잘 계획된 거시경제 전략이 성장을 창출하여 빈곤을 줄인다는 것을 보여주는 상당한 증거가 존재하기 때문이다. 그러나 가난한 나라들이 비정통적인 전략을 채택할 수 있게 된 훨씬 더 중요한 이유는 그 나라들이 대체 자금원을 이용할 수 있게 되면서 IMF와 세계은행이 자신들의 정책을 강요할 수 있는 능력이 줄어들었기 때문이다. 이는 2002~2013년에 상품 가격 호황이 일어났던 것과 중국과 BRICS로부터 대출과 투자를 이용할 수 있게 된 것에서 비롯되었다.

최근 몇 년 동안 개발도상 세계의 많은 나라 ─ 사하라 사막 이남 아프리카의 몇몇 국가를 포함하여 ─ 의 경제가 꾸준히 성장함에 따라, 글로벌 남부 정부와 국제기구들은 시간이 지나더라도 지속될 수 있는 성장 패턴 ─ '구조적 변화' ─ 을 만들어내는 데 관심을 가져왔다. 구조적 변화 ─ 생산성이 낮은 전통적 부문에서 생산성이 높은 현대적 부문으로의 노동자들의 급속한 이동 ─ 없이는 경제성장이 '벼락 경기와 불경기의 교체'에 빠지기 쉽다는 것이 입증되어 왔다.

워싱턴 컨센서스 정책을 비판하는 사람들은 경제 자유화를 우선시하지 않고서도 구조적 변화가 일어난다는 것을 입증해 왔다. 동아시아의 호랑이들은 경제 정책의 근본을 개선하거나 민주화를 이루지 않고서도 먼저 신중하게 실행된 무역 및 산업 정책을 추구함으로써 구조적 변화를 이루었다. 이들 비판가 — 장하준, 리카르도 하우스만Ricardo Hausmann, 란트 프리쳇Lant Pritchett, 다니 로드릭Dani Rodrik, 조지프 스티글리츠 등 — 는 가상의 '평균적인 가난한 나라'에 가장 적합한 것으로 상정된 가정에 기초한 정교화된 모델보다는 현실 세계 상황 — 뒤범벅되어 있고 다양한 — 에 대한 이해에 기초한 권위 있는 분석을 제시하는 것으로 점점 더 인식되고 있다.

국가의 역할 대 시장의 역할에 대한 논쟁은 새로운 국면을 맞이해 왔다. 저소득 국가에서는 구조적 변화를 시장에 맡길 경우 구조적 변화가 불가능하다는 것으로 생각이 수렴되어 왔다. 즉, 국가와 시장 모두가 지속적인 성장에 필수적이라는 것이다. 국가는 경제활동을 기술적으로 업그레이드하는 데서, 그리고 현대적 부문을 확장하는 데 필요한 인프라(도로와 항구)를 확충하고 학교 교육을 제공하는 데서 중요한 역할을 한다. 동시에 역동적인 자본주의 부문 없이는, 그리고 지구화된 경제에서 경쟁할 수 있는 기업가적 능력과 경영 능력, 그리고 숙련된 노동자들을 갖춘 현대적인 민간기업의 성장 없이는 구조적 변화가 불가능하다.

금융: 말리에게 덴마크처럼 행동하라고 말하는 것이 효과가 있는가?

개발금융에 대한 논의에 마침내 상식이 도래했다. 국제 개발 기관들이 대외 원조의 역할을 강조하고 해외 직접 투자foreign direct investment: FDI를 찬양한 지 수십 년이 지난 오늘에서야 국내 자원 동원이 국가 발전에 중요하다는 인식이 자리 잡게 되었다. UN의 지속가능개발목표 공개 실무그룹과 사무총장의 고위급 패널은 "국내의 조세 및 다른 세입 징수 능력을 향상시키기 [위해서는] …… 국내 자원을 더욱 동원하는" 것이 가장 중요하다는 것을 인정한다.

개발을 위한 가장 중요한 자금원인 국내 자원은 이제 더 이상 방치되지 않고 의제의 중심을 차지하고 있다. 그리고 그래야 한다. 왜냐하면 국내 자원이 대부분의 저소득 국가와 중간소득 국가에서 이미 자원의 대부분을 공급하고 있을 뿐만 아니라 개발 전략의 국가 소유를 보장하고 원조와 FDI보다 더 예측 가능하기 때문이다.

따라서 개발금융에 관한 핵심 질문은 "어떻게 하면 더 많은 국내 자원을 동원할 수 있는가?"이다. 이에 대한 표준적인 대답은 "모범적인 국제 관행에 따라 세수(국가 세입으로 거두어들이는

GDP의 비율)를 끌어올린다"이다. 그러나 말리에게 덴마크처럼 행동하라고 말하는 것은 거의 효과가 없다. 만약 조세 개혁이 그렇게 쉬웠다면, 그리스는 EU에 가입하고 나서 35년 동안 분명히 더 많은 성과를 거두었을 것이다. 조세는 '까다로운' 문제이며 주요 개혁은 주요 이익집단에 의해 자주 희석되기 때문에 작은 변화만 낳는다.

원조 공여자는 많은 가난한 나라에 부가가치세 도입을 권장했고, 반자율세무국Semi-Autonomous Revenue Agency: SARA의 설립은 세수 노력tax effort을 약간만 끌어올렸을 뿐이었다. 세수 노력 수준이 낮은 것은 조세체계와 관련되기보다는 가난한 나라의 경제 구조와 관련되어 있을 수 있다. 우리는 주민 대부분이 분산된 농촌 공동체에 거주하는 가난한 사람들로 이루어진 나라가 현재 OECD가 달성한 35%에서 45% 수준으로 세금을 부과하기를 기대할 수 없다. 이는 보다 공식적인 경제로 전환하는 것과 함께 국가 역량과 사회 규범에서 점진적인 변화를 수반하는, 수십 년이 걸리는 일이다. 하지만 진전은 가능하다. 이를테면 탄자니아는 GDP 대비 세수 비중을 2001/2002년에 9.6%에서 2009/2010년에 14.6%로 끌어올렸다.

광물, 금속, 석유, 가스 등 자연 자원의 추출에 따른 세금과 로열티는 특별한 관심의 대상이다. 보다 가난한 나라에는 '자원

저주resource curse', 더 정확히 말하면 '정치적 자원 저주'를 보여
주는 상당한 증거가 있다. 자연 자원 추출에 의존하는 개발도상
국에서는 책임과 민주적 과정이 훼손되어 있고, 부패 수준이 높
으며, 다른 생산 부문(농업과 제조업)은 공공 정책과 기업 엘리트
들에 의해 무시되고 있는 것으로 보인다. 1인당 평균 GNI가 급
증한다고 하더라도 일자리 없이 성장하거나 사회 정책이 취약
하거나 국가-시민 관계가 붕괴된 경우에는 빈곤이 심화된다.

나이지리아가 자원 저주의 전형적인 사례이지만, 그러한 사
례에 속하는 다른 나라들도 많다. 나이지리아는 석유가 '발견
된' 1970년대 초 이후 석유 수출로 수천억 달러를 벌었지만, 인
구의 46%는 여전히 하루 1.25달러 미만으로 살아가고 있다. 나
이지리아 엘리트들은 휴스턴, 런던, 제네바에 자가용 제트기와
집을 소유하고 있지만, 그들 동포의 절반은 수도, 위생시설, 전
기 없이 살고 있다.

자연 자원의 부를 보다 총괄적으로 사용하기 위한 국제적 지
원은 자주 '모범적인 관행'을 만들어내 왔다. 그것은 보통 노르
웨이나 칠레를 모델로 국부펀드sovereign wealth fund를 설립하려
는 노력을 의미하지만, 성과는 거의 내지 못했다. 처근 가나에
서 석유와 가스가 발견되었을 때, 일군의 관리들이 석유 세수
관리에 대해 배우기 위해 노르웨이를 방문했다. 그렇지만 2014

년에 가나 정부는 IMF에 긴급자금 대출을 요청해야 했다. 가나는 미래의 석유 부를 기반으로 너무 많은 돈을 빌려서 상환 일정을 맞출 수 없었다. 그 후 석유 가격은 반 토막 났다. 가나 사람들에게 석유가 축복인지 저주인지 물어보라. 나는 당신이 답을 짐작할 수 있을 것으로 생각한다.

자연 자원 추출은 흔히 국가 엘리트와 다국적기업에 의한 불법 또는 탈법 송금(전자 송금 또는 100달러 지폐로 가득 찬 여행 가방) 및 상품과 관련되어 있다. 그러한 불법적인 자금 흐름은 다른 많은 부문에서도 흔히 일어나고 있다. UN 아프리카경제위원회UN Economic Commission for Africa는 아프리카 대륙이 매년 불법 금융 흐름으로 인해 "미화 500억 달러 이상"의 손실을 보고 있다고 추정한다. 세계금융청렴성Global Financial Integrity: GFI[불법 금융 흐름, 부패, 불법 거래, 돈세탁에 초점을 맞추고 있는 싱크탱크_옮긴이]에 따르면, 개발도상국에서 사업을 진행하는 수많은 국제 기업이 조세 피난처를 이용하여 각국의 로열티와 세수를 빼내고 있다.

국제적 기업들은 막대한 거래액과 수십 년의 운영에도 불구하고, 이전 가격 조작transfer-mispricing을 통해 개발도상국에서 지속적으로 작은 이익을 내거나 손익분기점 거래를 한 것으로 공지한다. 이전 가격을 조작하는 방식은 이렇다. 다국적 식품

회사가 가나에 공장을 세우고 곧 연간 천만 달러의 수익을 낸다. 그러나 그 기업은 스위스에 있는 자매회사에 회사 브랜드 사용에 대한 대가로 거액을 지불하고 저지Jersey[영국 해협에 있는 섬_옮긴이]에 있는 한 계열 회사에 '관리 서비스'에 대한 대가로 거액을 지불하기 때문에 가나에서의 이익은 0으로 보고된다. 법인 세율이 25%인 가나에서 법인 세율이 0%가 될 수 있는 조세 피난처로 수익이 이전됨으로써, 그 회사는 전체 세금 고지서를 거의 0으로 줄이고, 가나는 250만 달러의 세수를 잃는다. GFI에 따르면, 개발도상국이 받는 ODA와 FDI 1달러당 10달러의 불법 유출이 발생한다. 이 수치는 추정치이지만, 비록 과대 추정되었다고 하더라도 더 가난한 나라의 세수 손실은 막대하다.

역외 조세 피난처에 기반을 둔, 보수를 많이 받는 변호사, 회계사, 금융인들로 구성된 거대한 네트워크가 다국적기업이 수익을 이전하는 것과 부자들이 자신이 회사를 소유하고 있음을 숨기는 것을 지원한다. 영국 정부의 적발로 보다폰Vodafone, 스타벅스Starbucks, 구글Google의 조세 회피가 대서특필되었을 당시 조세 피난처를 이용하여 수익을 이전하고 세금고지서를 회피하는 것은 이미 많은 거대 다국적기업의 비즈니스 모델로 굳어져 있었다. 가난한 나라들에게 다행스럽게도 이것이 몇몇 부자 나라를 격노하게 했으며, G20, 그리고 그 후에 G8과 (국제 조세 규칙을 정한) OECD가 다국적기업에 의한 조세 회피를 심각하게 받아들이기 시작했다. 그러나 변화에 대한 저항을 과소평가해서는 안 된다. 이들 기업은 경제적으로도 정치적으로도 매우 막강하다.

개발금융에서 다른 큰 변화들도 일어나고 있다. 2014년 BRICS 지도자들은 개발도상국의 인프라와 지속 가능한 개발 프로젝트에 자금을 조달하기 위해 500억 달러의 자본을 보유한 신개발은행New Development Bank: NDB을 설립하고, 금융 위기에 직면한 국가들에게 긴급자금을 제공하기 위해 위기대응기금 Contingent Reserve Arrangement: CRA을 설립한다고 발표했다. NDB 와 CRA는 각각 통상적으로 세계은행과 IMF가 맡았던 역할을 맡게 될 것이다. BRICS가 이들 기관을 효과적으로 관리할 수 있는 협력 능력을 발전시키고 자본 기반을 확장한다면, 개발도 상국의 개발 자금과 '위기' 대응 대출'crisis' loan의 선택지는 더욱 넓어질 것이다. 그리고 IMF/세계은행의 대출 조건에 동의해야 할 필요성도 줄어들 것이다.

오늘날에는 국내 자금 동원, 더 가난한 나라에서 조세 피난처로의 불법 및 탈법 금융 흐름의 근절, 민간 금융 흐름의 강화, 송금의 보다 효율적인 활용, ODA의 예측 가능성 개선, 세계은행과 IMF의 지배구조 개혁, 그리고 일단의 확대된 다자 기관의 개발 지원 등 핵심적인 빅 이슈들이 개발금융 협상에서 우선적으로 다루어지고 있다.

무역 정책: 자유무역에서 공정무역으로

가난한 나라를 위한 무역 정책이 부유한 세계의 미디어에서 크게 보도되지는 않지만, 그것은 이미 유럽과 북미 시민들에게 일상생활의 일부가 되었다. 런던이나 오타와에서 '공정무역' 인증을 받지 않은 커피 한 잔을 사려고 해보라. 가난한 나라들의 경우 식량과 지식재산권, 특히 의약품 무역은 특히 걱정거리이다.

부자 나라들이 가난한 나라들의 무역 정책을 좌지우지하는 것에 대한 분노가 1999년에 폭력적인 거리 저항을 불러일으키며 시애틀을 폐쇄시켰지만, 이제 그러한 모습은 사라졌다. 공정무역을 다시 의제로 되돌리기 위해서는 '비호혜적인unreciprocated' 무역 협상 — 가난한 나라들이 부자 나라들에게 동등한 양보를 하지 않고도 부자 나라 시장에 더 많이 접근할 수 있게 하는 거래 — 이라는 우아하지 않은 관념이 힘을 받을 필요가 있다.

무역을 둘러싸고 역사 속에서 벌어진, 그리고 오늘날에도 벌어지고 있는 큰 논쟁이 바로 '자유무역' 정책과 보호무역 정책 간의 논쟁이다. 19세기에 그러한 논쟁들, 그리고 때로는 그러한 저항들은 맨체스터(나의 학문적 기반인)에서 일상생활의 일부였다. 한편에는 캐나다로부터 곡물을 수입하여 도시 식품 가격을 낮추기 위해(이는 노동자들이 식품을 싸게 살 수 있게 해주고 산업가들은 임금 비용을 줄일 수 있게 해준다) 농업에서 '자유무역'을 실시할 것을 촉구하는 곡물법반대동맹Anti-Corn Law League — 공장 소유자들과 공장 노동자들로부터 지원을 받는 지식인들 — 이 있었다. 그 반대편에는 밀 수입에 높은 관세를 매기는 '곡물법'을 폐지하는 것에 반대하는 정치적으로 강력한 지주계급이 있었다.

둘 간의 싸움에서 결국 (곡물에서의) 자유무역이 승리했고, 맨체스터는 세계 최초의 산업 도시로 번영했다. 하지만 거기에도 아마도 제한이 있었을 것이다. 왜냐하면 그 '자유무역' 역시 식민지가 면제품을 제조하는 것을 막았던 제국의 강력한 이해관계에 의해 규정된 것이었기 때문이다.

시간을 빨리 돌려서 1980년대와 1990년대로 와보자. 당시에는 신자유주의적 사고가 전 세계에 완전한 무역 자유화 물결을 불러일으켰다. 그러한 자유화 물결은 지구화 시대를 촉발시켰다. 이는 아시아(특히 중국과 인도)에서 경제성장률이 치솟는 것

부자 나라들이 가난한 사람들을 도와야 하는가

을 목도하게 했지만, 많은 나라(그리고 10억에서 30억 명의 인구)를 가난에 빠뜨리기도 했다. 21세기 초에 무역 논쟁이 다시 일어났다. 강력한 세계무역기구World Trade Organization: WTO 내부에서의 논쟁과 학계 내에서의 논쟁 모두 무역 관계에서 개발도상국을 위한 '정책 공간policy space' 또는 '개발 공간development space'이 필요하다는 것으로 점점 더 논의가 모아지고 있다.

로버트 웨이드Robert Wade와 같이 자유무역의 정설과 WTO를 비판하는 사람들이 보기에는 개발도상국에서 정책을 다양화하고 업그레이드하기 위한 '개발 공간'이 축소되고 있다.[5] 웨이드 및 그와 같은 생각을 가진 학자들은 개발도상국들이 글로벌 시장에서 경쟁할 수 있는 위치를 스스로 구축하는 동안 개발도상국의 유아기 산업을 보호하기 위해 선별적 무역 보호 조치를 효과적으로 이용할 수 있어야 한다고 주장한다. 이를 뒷받침하기 위해 그들은 성공적으로 산업화를 이루어온 국가들이 실행해 온 정책들을 지적한다. 그들 국가의 역사는 무역 보호가 번영을 추동하는 구성요소의 하나였음이 틀림없다는 것을 보여준다고 말한다. '정책 공간'을 주장하는 사람들은 개발도상국들이 그러한 성공적인 정책을 반복할 수 있어야 하며, 따라서 WTO는 필요하다면 개발도상국들이 관세를 올리는 것을 허용해야 한다고 주장한다.

자유무역을 더 찬성하는 쪽, 즉 부자 나라들과 다국적기업들은 정반대 입장을 취하고 있다. 그들은 WTO 협정을 통해 무역 보호주의를 차단하는 것이 국가를 발전시키고자 하는 WTO 회원국에게 이익이 된다고 주장한다. 다시 말해 자유무역이 비효율적인 산업을 보호하고자 하는 국내 이익집단들의 압력에 각국 정부가 굴복하는 것을 막아준다는 것이다. 또한 부자 나라들과 서구의 다국적기업은 자신들이 갖는 막강한 경제적 지위를 이용하여 자신들에게 유리한 형태의 자유무역 정책을 취할 수 있다. 다시 말해 그들은 부유한 세계의 제품을 위해서는 시장을 개방하고 가난한 나라들이 비교 우위를 가진 제품에 대해서는 시장을 보호하는 정책을 취하게 할 수 있는 힘을 지니고 있다.

　1995년에 WTO가 창설된 것은 WTO의 전임 체제였던 관세와 무역에 관한 일반 협정General Agreement on Tariffs and Trade: GATT이 중점을 두었던 산업재 영역을 훨씬 넘은 영역까지 다자간 무역 규제를 확대했다는 점에서 주요한 진전을 이룬 것으로 간주되었다. 특히 WTO는 농업 무역도 규제한다. 하지만 농업에 관한 협정에 심각한 결함이 있다는 것이 곧 명백해졌다. 그러한 결함은 농업이 계속해서 무역 협상에서 가장 논쟁적인 부분이 되고 선진국과 개발도상국 모두에게 어려움을 초래할 것임을 의미했다.

현재의 협상 라운드 ─ 2001년에 시작되어 끝없이 진행되고 있는 도하 라운드 ─ 에서도 산업화된 국가들은 자국 농민들에게 지급하는 보조금이 개발도상국 농부들에게 피해를 주는데도 불구하고 그 보조금을 삭감하기를 꺼려왔다. 특히 논란이 된 것은 미국의 면화 농민들에게 지급된 보조금이 세계 면화 가격을 26%까지 떨어뜨려 다른 지역 면화 농부들의 소득을 감소시킨다는 것이었다. 이 문제는 세계에서 가장 가난한 나라에 속하는 '면화 4국Cotton Four' ─ 부르키나파소Burkina Faso, 베냉Benin, 차드Chad, 말리 ─ 에 의해 지지받아 왔다.

농업의 자유화는 또한 상대적으로 효율성이 떨어지고 소규모 농민이 대다수를 차지하는 개발도상국들에서 문제가 되어 왔다. 그런 나라들 ─ 인도가 이들 나라를 이끌고 있다 ─ 은 자국 시장이 값싼 농산물 수입에 개방되는 것을 경계하고 있는데, 이는 농업 자유화로 인해 자국 농민들의 생계가 황폐화되고 그리하여 투표에 의해 정부가 실각하지나 않을까 두려워하기 때문이다.

개발도상국들은 도하 라운드 협상 때마다 식량을 보호하고 생계 안전을 확보하기 위해 일정 수의 '특별 품목들'은 계속해서 보호를 허용해야 한다고 주장해 왔다. 이에 대한 '특별 안전장치'가 마련될 테지만, 이 장치의 정확한 세부 사항에 대해서는 협상이 거의 불가능하다는 것이 입증되어 왔다. 왜냐하면 많은 부자 나라들 ― 특히 미국과 프랑스 ― 에서 농민과 농업 기업의 로비 단체들은 각국 정부(그리고 대통령)가 맞서지 말아야 하는 강력한 정치적 기반이기 때문이다. 2013년 12월 열린 WTO 발리 정상회의에서는 부국, 신흥 강국, 개발도상국들이 협상을 타결할 수 있다는 희망이 불붙었지만, 이듬해 무산되었다.[6]

부유한 세계와 가난한 나라 간에 특히 많은 논쟁이 벌어지는 또 다른 영역이 바로 지식재산 분야이다. 1994년 체결된 무역관련지식재산권협정Trade-Related Intellectual Property Rights: TRIPs을 통해 각국은 저작권 및 지식재산권 보호에 대한 최소 기준을 적용하게 되었다. 그 후 TRIPs는 가난한 나라에서 AIDS 약 가격을 인상한 것 때문에 큰 비판을 받았다. 가난한 나라들은 이전에는 브랜드 약품보다 최대 90% 저렴한 복제약품을 수입해 왔는데, 약값이 인상되자 AIDS에서 살아남을 수 있었던 많은 아프리카인(아마도 수십만 명, 어쩌면 수백만 명)이 조기에 사망했다. NGO들(특히 남아프리카의), 개발도상국, (미국과 유럽의) 게이 공동체의 압력은 결국 2003년에 가난한 나라들이 복제약품을 더 쉽게 수입할 수 있게 하는 협정으로 이어졌다. 하지만 이 결정은 번거로운 관료제적 절차를 거치도록 요구하는데, 이는 중요한 약물에 대한 접근을 지체시킨다.

부자 나라들이 가난한 사람들을 도와야 하는가

한편 우루과이라운드Uruguay Round 협정에 TRIPs를 포함시키는 것을 정당화한 원래의 명분 ─ 그것이 부유한 세계의 제약회사가 가난한 나라에 만연하는 질병에 대한 연구개발 지출을 늘릴 것이라는 ─ 은 입증되지 않은 것으로 밝혀졌다. 이것은 열대성 질병 전반에 해당하는 사항이지만, 에볼라에 관한 연구가 부족하다는 것에 의해 가장 분명하게 입증된다.

상황은 더 나빠지고 있다. TRIPs가 부자 나라가 가난한 나라의 지식재산권 접근을 제한하는 가장 제한적인 관행인 것은 아니다. WTO 협상이 거의 진전되지 못하고 있는 가운데, 많은 부자 나라가 개발도상국들과 (두 나라 간의) 양자 간 자유무역협정 및 (일군의 국가를 포함하는) 다자간 자유무역협정을 추구해 왔다. 유럽연합과 미국이 그러한 협정을 주도하고 있다. 그들은 그러한 협정들을 윈-윈 협정으로 제시한다. 하지만 많은 논평자는 미국과 유럽연합이 저소득 정부에 비해 협상 지위에서 월등한 정치적·기술적 힘을 가지고 있기 때문에 그러한 변화가 WTO에 구현된 다자간의 비차별적인 체계를 훼손시키고 경쟁적인 우대 협정의 '스파게티 그릇 효과spaghetti bowl effects'[여러 나라와 동시에 FTA을 체결하면 대상국별 또는 지역별로 다른 규정이 적용되어 서로 얽히고설키는 부작용이 발생하는데, 이 같은 현상이 마치 스파게티 그릇 속 국수 가닥과 닮았다고 해서 붙여진 명칭이다_옮긴이]를

낳는다고 보았다.[7]

경제성장 및 빈곤 축소를 촉진하는 데서 국제 무역이 수행하는 역할과 관련한 복잡한 논쟁에 대해 공중이 보인 반응 가운데 하나가 바로 공정무역 캠페인을 전개하는 것이었다.[8] 공정무역 캠페인은 가난한 사람들이 자신들이 재배하는 작물 − 특히 커피, 차, 코코아 − 에 대해 더 높은 가격을 받을 수 있도록 하는 일을 직접 수행한다. 당신의 관점에 따라 공정무역 운동은 자선 활동의 한 형태로, 즉 자발적으로 조금 더 지불하기로 동의하는 것으로 인식될 수도 있고, 시장의 결함을 극복하기 위한 수단으로 인식될 수도 있다. 소규모 농부들은 무역업자 및 다국적기업과 협상하는 지위가 약하다. 따라서 공정한 가격을 지불하는 것은 이러한 정보와 권력의 비대칭을 바로잡는 데 도움을 준다.

공정무역 운동가들은 자신들의 노력이 가져오는 유익한 결과로 두 가지를 지적한다. 첫째, 일부 가난한 사람들의 소득이 증가하며, 이는 연쇄적으로 지역 경제를 활성화하는 결과를 가져온다. 둘째, 공정무역은 부유한 세계 소비자들의 빈곤, 그리고 특히 가난한 나라의 '노동 빈곤working poverty'에 대한 인식을 끌어올리는 하나의 플랫폼을 제공한다. 그것은 부자와 가난한 사람들 간의 보이지 않는 상호작용의 글로벌 연결고리를 더 잘 인식할 수 있게 해준다.

정통 경제학자들은 자주 이러한 노력에 대해 무시하는 태도를 취한다. 그들은 그러한 운동가들을 순진한 공상적 박애주의자로 본다. 정통 경제학자들은 크게 두 가지 주장을 한다. 첫째, 공정무역은 경제적 다각화를 저해한다. 생산자들은 자신을 가난에 빠뜨린 농작물을 계속 재배하는 경우에만 더 높은 가격을 받는다. 둘째, 공정무역은 생산 수준을 높이고, 이것이 다시 다른 모든 생산자의 가격을 낮춘다.

하지만 ≪파이낸셜타임스Financial Times≫의 마틴 울프Martin Wolf 같은 영향력 있는 논평자들처럼 "공정무역 운동이 아마도 실제로 아무런 변화도 만들어내지 못할 것"이라고 무시하듯이 주장하는 것은 잘못이다.[9] 왜냐하면 공정무역의 가치는 그것의 직접적인 결과보다도 그 운동이 미치는 간접적인 영향에 있기 때문이다. 반反공정무역 경제학자들은 공정무역이라는 관념이 부유한 세계에서 사회적 규범을 변화시키는 데 기여하는 바를 인식하지 못한다.

이러한 '비호혜적'인 형태의 무역 거래 — 공정무역 비평가 폴 콜리어는 WTO를 진정한 개발 라운드로 전환시키기 위해 이러한 형태의 무역 거래를 지지한다 — 는 자국 내 정치적 유권자들이 가난한 나라들과 덜 민족주의적인 무역 관계를 맺기를 촉구하는 나라들에서 더 지지받을 가능성이 크다. 공정무역 캠페인은 유권자들 ─ 그리고 미래의 유권자들(학생) ─ 에게 현재의 세계 무역체계가 얼마나 부당한지를 알게 해주는 주요한 방법 가운데 하나이다.

이주: "글로벌 빈곤을 줄이는 가장 강력한 도구"

국제 무역과 크게 대조적으로 국제 이주는 부자 나라들에서 헤드라인 뉴스거리이며, 많은 논쟁을 불러일으키는 공적 이슈이다. 수백만 명의 불법 이주자에게 미국 시민권을 부여하기로 한 오바마 대통령의 2014년 결정은 미국에서 수천만 명을 격분시켰다. 그들은 오히려 오바마 대통령이 더 많은 사람을 추방하고 미국과 멕시코 사이의 국경장벽 건설에 더 박차를 가하기를 원했다. 2015년 한 해 동안 100만 명이 넘는 이주자 ─ 그들 중 많은 수가 시리아에서 온 난민이었다 ─ 가 유럽연합으로 들어왔고, 이는 이주자들을 흡수하는 '방법'을 놓고 국내외에서 팽팽한 논쟁을 낳았다.

이민자 '문제'는 몇몇 나라에서 정치적 변화를 부추기고 있다. 영국에서는 영국독립당UKIP의 등장과 함께 국내 정치가 바뀌고 있다. UKIP는 '외국인'(본토 유럽인 및 여타 사람들)이 영국에 정착하는 것을 막는 데 초점을 맞추고 있다. 한때 관용적이었던 네덜란드에서도 헤이르트 빌더르스Geert Wilders가 이끄는 포퓰리즘적인 반이슬람 정당인 반이민 자유당Party for Freedom: VVD이 최근 연립정부의 한 파트너가 되었다. 호주 정부는 UN 인권조약을 위반한다는 우려에도 불구하고 비자 없이 입국하는 이주자들에 대한 구금시설을 설치하기 위해 가난한 태평양 섬나라들에 지불하는 대외 원조 예산을 사용하고 있다. 헝가리, 크로아티아, 터키, 스웨덴 등에도 다른 많은 사례가 있다. 이 목록은 점점 더 늘어나고 있다. 부자 나라들 전역에서 반이민 선언을 한 정당들이 아주 잘나가고 있다. 외국인 이주자들, 특히 더 검은 피부를 가진 사람들은 점점 더 적대적인 환영을 받고 있다.

부자 나라들은 상품·서비스·금융 부문에서 글로벌 시장을 열기 위해 열심히 노력해 왔다. 하지만 노동시장은 그들 나라가 자유화하고 싶어 하지 않는 유일한 시장이다. 그러나 부자 나라와 가난한 나라 간의 엄청난 임금 격차는 저숙련 노동력이 국경을 넘어 이동하는 것을 적당히 허용하는 것만으로도 가난한 나라 시민들이 연간 수입을 510억 달러 이상 증대시킬 수 있을 것이라는 것을 의미한다.[10] 이 중 상당 부분은 송금을 통해 '본국으로' 흘러들어갈 것이다. 만약 당신이 가난한 나라의 성장을 촉진하고 빈곤을 줄이고 싶다면, 국제 이주는 윈-윈 정책이다.

구체적인 사례로 방글라데시를 들어보자. 방글라데시의 빈곤 문제(토지에 결박되어 있어 기후 변화로 인해 크게 고통 받을 국가들의 심각한 빈곤 문제)는 이민의 증가로, 즉 이민에 의해 발생하는 더 많은 송금, 더 많은 경제성장, 더 나은 공공 서비스, 더 적은 환경적 압력으로 일거에 해결될 수 있다. 방글라데시는 인구의 약 3%가 해외에 살고 있다. 만약 이 수치가 인구의 10%로 증가한다면, 그로 인해 발생된 송금은 400억 달러를 훨씬 넘을 것이다. 이는 방글라데시로 유입되는 연간 원조의 2624%에 해당한다. 게다가 이 추가 수입의 승수 효과를 포함하면, 증가하는 국민 소득은 약 840억 달러로 추정되는데, 이것은 방글라데시의 GNI보다 더 많은 액수이다.[11] 브랑코 밀라노비치Branko Milanovic가 "이주는 아마도 글로벌 빈곤과 불평등을 줄이는 가장 강력한 도구일 것이다"라고 선언한 것은 전혀 놀랄 일이 아니다.[12]

이주자가 국가 발전의 전략적 도구가 되는 데에는 크게 두 가지 방법이 있다. 첫째는 친척, 이웃, 지역사회를 가난에서 벗어나게 하는 송금을 통해서이다. 세계은행에 따르면, 2014년에 개발도상국으로 송금된 금액은 4360억 달러를 넘어섰다. 일부 나라에서는 송금이 하나의 소득원으로서 수출과 경쟁한다. 이

부자 나라들이 가난한 사람들을 도와야 하는가

를테면 2012년에 파키스탄에서는 송금액이 면화 수출액 50억 달러를 훨씬 넘는 140억 달러에 달했다. 송금은 그 규모가 클 뿐만 아니라 글로벌 금융 위기가 닥쳤을 때 하나의 안정적인 수입원이 되기도 한다. 현재 점점 더 많이 행해지고 있는 것처럼, 각국 정부는 송금을 국가 발전 계획의 일부로 짜 넣음으로써 송금의 이득을 거두어들일 수도 있다.

둘째로 유익한 메커니즘은 디아스포라(즉, 이민자와 그 자손)가 개발 과정에 참여하는 방법이다. 한 나라의 디아스포라는 비즈니스 접촉, 투자 및 기술, 그리고 기술 이전의 중요한 원천이 될 수 있다. 디아스포라는 '두뇌 유출'이 아니라 '두뇌 유입'이 될 수 있다. 인도는 국가 발전에 자국의 디아스포라를 활용하기 위해 열심히 노력해 왔다. 인도에서 소프트웨어 및 IT 산업의 발전이 매우 급속하게 성공적으로 촉진된 것도 실리콘 밸리에서 돌아온 기술 전문가와 기업가들 덕분이었다. 그들은 '모국'에 자금을 들여와서 사업체를 세우고 기술적 스킬 및 관리 스킬을 전파했다. 이를 통해 그들은 높은 수준의 기술을 가진 저비용 인도 노동력을 고용하여 세계 제일의 기업체를 일굴 수 있었다.

그러나 국가 발전에 이주를 이용하는 것은 심각한 과제에 직면해 있다. 거기에는 부자 나라들이 노동 이주자를 받아들이기를 꺼리는 것, 반이주 정당이 부상한 것, 이주자의 노동권 보호가 부족한 것이 포함된다. 이주 노동자들을 위한 국제노동기구 International Labour Organization: ILO 협약이 존재함에도 불구하고, 많은 이주자가 매우 낮은 임금을 받고 있으며 그들이 거주하는 국가에서 법적으로 허용되지 않는 조건에서 일한다. 걸프 지역, 특히 카타르에서는 건설 프로젝트에서 일하는 이주 노동자들이 피할 수 있는 사고로 인해 사망하는 비율이 놀랄 정도로 높다. 일부 이주자, 특히 미국과 유럽의 농업과 성 산업에서 일하는 이주자들은 '현대판 노예'이다. 유럽연합에 의해 운영되는 엄한 추방 관행은 '서류 없는' 이주자들이 알선업자의 꼬임에 넘어가게 하는 유인이 되고 있다.

큰 그림

만약 부자 나라들이 세계의 가난한 사람들을 진지하게 돕고자 한다면, 부자 나라들은 가난한 사람들에게서 큰 변화를 만들어낼 수 있는 문제에 초점을 맞출 필요가 있다. IMF와 세계은행이 강요하는 국가 개발 전략이 아니라 개발도상국들이 진정으로 소유하는 국가 개발 전략을 육성하는 것, 가난한 나라들이

부자 나라들이 가난한 사람들을 도와야 하는가

자국의 국가 발전에 필요로 하는 자금에 접근할 수 있게 보장하고 국가 엘리트 및 다국적기업이 자국의 자원을 탈취하는 것을 막는 것, 가난한 나라들에게 비호혜적인 무역 거래를 허용함으로써 도하 무역 라운드를 진정한 개발 라운드로 만드는 것, 그리고 부유한 세계의 노동시장을 점차 저숙련 노동자들에게 개방하는 것 등이 바로 그것이다.

그러한 계획들은 가난한 사람들에게만 '좋은' 것은 아닐 것이다. 그 계획들은 또한 부자 나라들에게도 '좋은' 것이 될 것이다. 그러한 계획들은 더욱 번영하는 안정된 세계를 만들어서 지속 가능한 성장을 가능하게 할 것이고, 유럽과 일본(그리고 곧 중국)의 점점 더 고령화되는 인구를 돌보는 데 필요할 노동인구를 창출할 것이며, 모든 정부가 자국에서 많은 수익을 내는 다국적기업에 세금을 부과하는 능력을 끌어올릴 것이고, 이민자들의 흐름을 보다 예측 가능하게 만들 것이다.

이것들 외에도 부자 나라들이 추구해야 하는 또 다른 조치들이 있다. 열대 질병과 농업을 위한 연구개발에 더 많은 투자를 하는 것, 법 집행 기관과 형사 사법 기관을 개혁하는 데 도움을 줌으로써 범죄 폭력을 줄이는 것, 가난한 나라 — 그리고 특히 취약국 — 에 소형 무기와 군사 장비가 유입되는 것을 규제하는 것, 그리고 실행 가능할 경우 더 이상의 분쟁을 막기 위해 전략적으로 군사개입을 하는 것 등이 바로 그것이다.

하지만 해결해야 할 새로운 과제들도 있다. 이 중 가장 중요한 것이 기후 변화와 급증하는 글로벌 불평등이다. 이제 이 문제로 넘어가 보자.

제4장

기후 변화와 불평등

　지난 25년 동안 가난한 나라에 사는 가난한 사람들은 자신들의 미래가 훨씬 밝아지는 것을 목도해 왔다. 그들이 극단적인 빈곤에서 벗어나고 더 오래 그리고 꽤 건강하게 살고 자신의 아이들이 죽는 것을 보지 않을 가능성은 인류 역사상 그 어느 때보다도 오늘날 더 크다.

　부자 나라들이 가난한 사람들에게 제공하는 지원은 우리가 살펴보아 왔듯이 매우 결함 있고 때로는 역효과를 낳기도 한다. 그러나 계획과 행운이 복합적으로 작용하면서 대부분의 가난한 나라에서 그리고 많은 가난한 사람들에게서 상황은 나아져 왔다. 아마도 부자 나라들은 자신들이 해왔던 것을 계속해야 할 필요가 있을 것이다. 그러나 일이 그렇게 쉬웠으면 좋으련만,

그렇지만은 않다. 인류가 만들어내는 모든 주요한 진전은 불가피하게 필연적으로 새로운 문제를 낳는 것으로 보인다.

21세기에 이러한 '성공이 낳은 문제' 중 두 가지, 즉 기후 변화와 급증하는 불평등이 그 모습을 매우 크게 드러내고 있으며, 이미 인간 진보를 제한하기 시작하고 있다. 지난 두 세기 동안 인류의 생활수준 향상은 탄소를 무분별하게 배출하는 경제성장 과정에 물질적 토대를 두고 있었고 또 현대에도 그러하다. 세계의 기후가 온난화되고 있고 환경에서 일어나는 일단의 변화가 빈곤을 만들어내고 있기 때문에, 이러한 성장은 계속될 수 없다.

현대 자본주의의 사회-경제적 토대는 기후 변화와 결합하면서 이전에는 상상할 수 없었던 규모로 소득과 부의 불평등을 발생시키고 있다. 슈퍼부자의 부를 전문으로 관리하는 스위스 은행 '크레디트 스위스Credit Suisse'가 불평등 문제를 경고하는 연구, 즉 『세계 부 보고서World Wealth Report』(2014)를 발표하자, 모든 사람은 우려를 금할 수 없었다. 옥스팜의 최근 추정치 중 하나는 2016년에 어마어마한 티핑포인트tipping point를 넘어설 것이라고, 즉 인류의 가장 부유한 1%가 나머지 99%가 가진 것만큼의 부를 소유하게 될 것이라고 주장한다.

부자 나라들이 가난한 사람들을 도와야 하는가

기후 변화: 이것이 모든 것을 바꾼다

부자 나라의 많은 사람은 기후 변화와 그 원인에 대해 "일부 과학자들은 그러한 주장에 동의하고 다른 과학자들은 동의하지 않는" 하나의 과학적 이론이라고 믿는다. 그러나 이것은 잘못된, 그것도 매우 위험한 잘못된 생각이다. 실제로는 모든 과학자가 지구온난화가 일어나고 있다는 것에 동의하며, 압도적 다수의 과학자는 인간의 활동이 이 온난화의 주요 공헌자라고 생각한다. 탄화수소 회사와 밀접히 연계되어 있는 소수의 반대자만이 종종 다르게 생각한다.

기후 변화를 다루는 글로벌 당국은 UN의 '정부 간 기후 변화 협의단Intergovernmental Panel on Climate Change: IPCC'이다. 2014년에 발간된 가장 최근의 보고서인 『제5차 평가 보고서Fifth Assessment Report(AR5)』의 경우에 그 협의단은 800명이 넘는 세계 최고의 독립 과학자로 구성되었으며, 그들은 이 주제에 관한 모든 과학적 문헌을 분석하는 데 자발적으로 기여했다.[1]

『AR5』 협의단은 다음과 같이 결론지었다.

기후 체계가 온난화되고 있다는 것은 명백하다. 그리고 1950년대 이후에 관찰된 많은 변화는 지난 수십 년에서 수천 년 동안 전례를 찾아볼 수 없는 것이다. 대기와 바다는 따뜻해져 왔고, 눈과 얼음의 양은 줄어들어 왔으며, 해수면은 상승해 왔고, 온실가스의 농도는 증가해 왔다. …… 20세기 중반 이후 인간의 영향이 그간 관찰된 온난화의 주요 원인일 가능성이 **매우 크다**(그 가능성은 90%에서 100%이다).[2]

인류가 유발한 이러한 원인 가운데서 핵심적인 것이 바로 산업화, 건설, 운송, 삼림 벌채, 농업과 가축 사육이다. 이 모든 것은 인구수의 증가와 '소비' 생활양식에 의해 부추겨졌다.

1906년에서 2005년 사이에 지구의 평균 표면 온도는 0.74°C 상승한 것으로 추정된다. 2005년에서 2100년 사이에 이 온도는 『AR5』 시나리오의 상단 끝을 따라 4.8°C까지 상승할 가능성이 있다. 가까운 미래에 우리가 이를 얼마나 완화시키든 간에 현재 이산화탄소 생산 궤적을 감안할 때 2°C 증가는 거의 확실하다. 이것은 단순히 세계의 모든 곳이 조금 더 따뜻해질 것임을 의미하지 않는다. 그것은 지구 대기와 해양 흐름의 패턴이 변화하고 기후의 많은 다른 요소들도 함께 변화할 것임을 의미한다. 어떤 곳에서는 지구온난화가 기온이 떨어지는 것임을 의미할 것이다 ― 그것은 복잡하다. 나오미 클라인Naomi Klein의 책 제목 『이것이 모든 것을 바꾼다This Changes Everything』는 이를

아주 잘 표현하고 있다.[3]

석유 회사와 우파 로비 단체들은 이러한 기후 변화의 성격과 원인의 복잡성을 언론 보도를 조작하는 데 이용해 왔다. 이러한 교묘한 조작으로 인해 공중이 과학을 '오해'한 결과, 미국에서는 정치인들이 공중의 지지를 잃지는 않을까 하는 두려움 때문에 지구온난화에 맞서기 위한 결연한 조치를 취하기가 더욱 어려워졌다.

미국 석유회사들이 기후 변화 논쟁을 틀 짓는 데 은밀하게 관여해 온 방식은 2002년에 엑슨모빌ExxonMobil이 조지 W. 부시George W. Bush 대통령에게 보낸 메모가 유출되면서 드러났다. 그 메모는 미국 정부가 IPCC 의장 로버트 왓슨Robert Watson을 내쫓고 그 자리에 보다 온화하고 산업 친화적인 라젠드라 파차우리Rajendra Pachauri를 앉힐 것을 요구했다. 메모가 전해진 직후, 왓슨은 쫓겨났고 파차우리가 그의 자리를 차지했다.[4]

기후 변화의 일부 측면에 대한 모델링은 합리적 수준에서 신뢰할 수 있지만, 다른 측면은 식별하기 어려운 '임계값'을 넘어설 경우 촉발될 수 있는 재앙적 변화가 잠재해 있기 때문에 예측하기가 더 어렵다. 그 가운데서도 중요한 것이 바로 그린란드 빙상Greenland Ice Sheet이 녹는 속도가 가속화되고 있다는 것이다. 이것은 해수면을 센티미터가 아닌 미터 단위로 빠르게 상승시킬 것이고 ─ 암스테르담이여, 안녕 ─ 멕시코 만류의 따뜻한 물이 서유럽으로 흐르는 것을 막을 것이다.

기후 변화는 전 세계의 농업과 산업을 극적으로 재구조화할 것이다. 일부 지역에서는 농업과 산업의 생산성이 떨어지는 반면, 다른 지역은 번영할 것이다. 인간이라는 개체군에 가장 중요한 세 가지 변화는 해수면 상승, 온도와 강수량 변화, 그리고 극단적인 기상 사건이 발생하는 빈도의 증가일 것이다.

해수면 상승은 전 세계의 해안 거주지, 특히 저지대에 많은 주민이 사는 거주지에 영향을 미칠 것이다. 이를테면 방글라데시에서는 2050년경에 600만 명에서 800만 명 사이의 이재민이 발생할 것으로 추정된다. 기온과 강우량 패턴의 변화는 농업과 건강에 큰 영향을 미칠 것이며, 특히 아프리카와 남아시아에서 부정적인 결과를 초래할 것으로 보인다. 더 빈번하고 변화하는 유형의 극단적 기후 사건들, 즉 사이클론, 홍수, 가뭄 같은 자연재해는 생계에 즉각적으로 영향을 미칠 것이고, 사망 및 재산 파괴와 함께 막대한 고통을 초래할 것이다. 이는 장기적으로는 현재 힘겹게 자리 잡은 일부 지역이 거주할 수 없는 지역이 될 수 있음을 의미할 수 있다.

기후 변화의 영향과 그로 인해 세계의 서로 다른 지역에 초래될 결과에 대한 예측들은 서로 다른 정도로 신뢰받지만, 대부분의 시나리오는 가난한 사람들과 가난한 나라들이 가장 고통 받을 것임을 보여준다. 『AR5』는 다음과 같은 사실을 발견한다.

21세기 내내 기후 변화의 영향은 경제성장을 둔화시키고 빈곤 축소를 더 어렵게 만들고 식량 안전을 더 잠식할 것으로 예상된다. 나아가 기존의 빈곤 덫을 더 존속시키고 새로운 빈곤 덫을 만들어낼 것으로 예상된다. 후자는 특히 도시 지역과 신흥 기아 핫스팟에서 심할 것으로 보이며(이는 중간 정도로 신뢰받는다) …… 기후 관련 위험은 생계에, 특히 빈곤 속에서 살아가는 사람들의 생계에 자주 부정적인 결과를 초래하여 다른 스트레스 요인들을 악화시킬 것으로 보인다(이는 높은 신뢰를 받는다).[5]

기후 변화가 가난한 사람들에게 가장 큰 피해를 줄 수 있다는 데에는 크게 두 가지 이유가 있다. 첫째는 기존의 부의 패턴과 관련되어 있다. 가난한 사람들과 가난한 나라들은 기후 변화에 적응하고(이를테면 제방을 쌓고 발전소를 건설하고) 그러한 적응에 관한 연구개발에 투자하는 데 충당할 자원을 더 적게 가지고 있다. 둘째는 지리적인 것이다. 모든 IPCC 시나리오는 가난한 사람들이 가장 많이 집중되어 있는 지역 — 사하라 사막 이남 아프리카와 남아시아 ― 이 중·고위도 지역(유럽, 북미, 일본)보다 기후 변화의 부정적인 결과를 더 많이 경험할 것임을 시사한다. 이것은 무엇을 의미하는가?

기후 변화는 농산물 가격을 단기적으로는 2%에서 중기적으로는 20%까지 끌어올릴 만큼 농업 생산성을 총체적으로 감소시킬 것으로 예측된다.[6] 이것은 당연히 자신들의 소득 몫 가운데 더 많은 부문을 음식물에 지출하는 가난한 사람들과 가장 가난한 사람들에게 가장 큰 영향을 미친다.

그러나 상황은 더 나빠지고 있다. 부정적인 영향은 빗물에 의존하는 농업과 열대 지방에 집중될 가능성이 크다. 남아시아 일부 지역에서는 2050년경에 곡물 생산량이 30% 감소할 가능성이 있다는 예측이 나오고 있다. 이를테면 그때쯤에는 방글라데시에서 밀을 재배하는 것이 불가능해질 가능성이 있다. 훨씬 더 극적으로는 차드Chad, 에티오피아, 나이지리아, 소말리아, 수단, 짐바브웨에서는 2080년경에 곡물 재배가 가능하지 않을 가능성이 있다. 농업에서 엄청난 기술적 돌파구가 마련되지 않는 한, 기후 변화는 세계의 많은 가난한 나라에서 식량 확보와 경제성장 모두에서 큰 문제를 유발할 것이 확실해 보인다.

강우 패턴의 변화는 물 스트레스를 증가시키고(적절한 질의 물 공급량이 연간 1인당 1000㎥ 미만일 경우) 건강, 삶의 질, 경제적 기

부자 나라들이 가난한 사람들을 도와야 하는가

회를 감소시킬 것이다. 아프리카에서는 2010년에서 2020년 사이에 7500만 명에서 2억 5000만 명이 더 많은 물 스트레스를 경험하고, 2050년에는 3억 5000만 명에서 6억 명이 더 많은 물 스트레스를 겪을 것으로 추정된다. 라틴 아메리카와 남아시아에서도 물 스트레스가 크게 증가할 것이다. 현재 일부 군사 시나리오는 물 스트레스 때문에 사하라 사막 이남 아프리카의 소수민족 집단 간에, 그리고 중동과 북아프리카의 국가 간에 '물 전쟁'이 극심해질 것이라고 경고하고 있다. 폭력적 갈등과 빈곤의 밀접한 연관성을 고려할 때, 이것은 세계의 가난한 사람들에게 두 배 더 문제가 될 것이다.

해수면 상승과 더 빈번해지고 있는 극단적인 기상 사건들은 해안 지역이 더 높은 수준의 홍수, 침식, 염분 침해를 겪게 될 것임을 의미한다. 개발도상세계에서는 인구의 높은 비율이 해안에 집중되어 있는 것으로 나타난다. 이러한 사람들은 기후 변화에 의해 삶의 질에 직접적인 영향을 받고 또 그로 인해 경제적 전망이 나빠짐에 따라 삶의 질에 간접적으로도 영향을 받을 가능성이 크다.

해수면이 40cm 상승하면 아시아에서는 1300만 명에서 9400만 명의 사람이 자신이 살던 지역을 떠날 수밖에 없을 것으로 보인다. 아프리카에서는 해안에서 메가시티들이 성장하고 있다. 2015년 현재 아프리카에는 인구 800만 명 이상이 거주하는 해안 도시가 세 곳 있고, 아크라Accra[가나의 수도_옮긴이]에서 포트하커트Port Harcourt[나이지리아 남부의 항구도시_옮긴이]까지 뻗어 있는, 인구 5000만 명이 거주하는 다국적 거대 도시가 하나 있다. 빈곤층 판잣집이 밀집한 저지대 지역에서 주기적으로 발생하는 심각한 홍수는 사회적·경제적 진보를 저해하고 대규모 강제 이주를 낳을 수도 있다. 2050년까지 카리브해와 태평양과 인도양의 몇몇 작은 섬나라는 완전히 물에 잠길 것이고, 인구 전체가 살던 곳을 떠나야만 할 것이다.

기후 변화는 또한 새로운 질병률과 사망률 패턴을 만들어낼 것이다. 특히 열대와 아열대 지역에서 전체적으로 부정적인 양상이 나타날 것으로 보인다. 대부분의 예측은 열 스트레스, 말라리아, 샤가스병, 뎅기열, 콜레라 및 여타 수인성 질병들이 증가할 것으로 보고 있다. 더 높은 온도와 더 많은 물 스트레스는 감염 발생률을 높인다. 사이클론, 허리케인, 폭풍 해일, 홍수, 가뭄과 같은 극단적인 기상 사건 모두는 익사, 부상, 질병 전파, 회복력 저하를 통해 건강에 부정적인 영향을 미친다.

구체적인 예측들은 중국과 인도에서 뎅기열 수준이 크게 증가하고 열 스트레스와 관련한 사망이 더 늘어날 것으로 보고 있다. 아프리카에서는 설사병과 콜레라가 증가하고 말라리아와 아르보바이러스(뎅기열, 서부 나일 강 열병 및 기타 열병)의 범위가 확장될 것으로 예측된다. 이들 문제 모두는 식량 불안에 의해 (부족한 식량은 영양 부족을 초래하고 영양 부족은 사람들을 질병에 더욱 취약하게 만들기 때문이다), 그리고 더 빈번해지는 홍수, 정전 및 기타 장애로 인해 의료 서비스에 더욱 접근할 수 없게 됨에 따라 더욱 악화될 것이다.

이러한 부정적인 결과들은 "무엇을 할 수 있는가?"라는 질문을 글로벌 우선순위로 만든다. 이러한 문제들은 글로벌 빈곤 퇴치와 환경의 지속가능성을 2016~2030년 UN 지속가능개발목표 속에 통합시키는 계기가 되었다.

기후 변화는 두 가지 특별한 방식으로 빈곤 해결과 관련한 생각을 다시 틀 짓게 한다. 첫째는, 그리고 가장 분명한 것은, 기후 변화로 인해 초래될 것으로 예측된 영향이 빈곤 축소라는 목표를 달성하기 더 어렵게 만들고 그 목표를 달성하는 데 더 많은 비용이 들게 만든다는 것이다. 둘째는 인류에 의해 유발된 기후 변화가 경제 발전과 사회 진보에 관한 생각에 근본적인 이의를 제기하고 있다는 것이다.

역사적으로 볼 때, 1820년경 이후 인간 조건이 급속히게 향상된 것은 경제성장과 밀접히 관련되어 있었으며, 이러한 성장은 석탄, 석유, 가스 등 비재생 에너지 자원의 개발을 기반으로

한 것이었다. 오늘날 경제성장은 대기 중 이산화탄소 농도를 높이는 전략 — 에너지 집약적인 산업화·운송·농업, 삼림 벌채, 가축 사육, 에너지 낭비적인 생활양식과 소비 패턴 — 에 기반하고 있다. 최근의 중국과 인도의 번영 역시 더 많은 탄화수소 사용 및 더 많은 산림 파괴와 관련된 산업화와 도시화를 중심축으로 하여 이루어졌다.

미래 세대의 장래를 파괴하지 않고 현재의 빈곤을 줄이는 것이 가능한가? 이 질문에 대한 그럴듯한 대답은 "그렇다, 저탄소 경제와 녹색 성장을 통해서라면 가능하다"이다. 이 말은 매우 매력적으로 들리지만, 이 분야에 대한 최근의 투자에도 불구하고 그러한 기술이 초기 단계에 있다는 사실을 무시한다. 유럽, 북미, 그리고 (아주 최근에) 중국의 풍력 발전 기지가 하나의 시작일 수도 있지만, 중국, 인도, 인도네시아, 남아프리카, 그리고 현재 일본의 장기 에너지 계획은 석탄(자주 오염물질이 많이 포함된 석탄), 가스, 석유의 사용을 크게 늘리는 것을 중심으로 짜여 있다.

곧 파멸의 날이 오는가?

그래서 우리는 글로벌 파국을 향해 나아가고 있는가? 분석가들은 세계의 탄소배출 개발모델을 다시 짜는 두 가지 다른 접근방식 — 개혁주의적 접근방식과 급진적 접근방식 — 을 발견한다.

영향력 있는 2006년의 스턴 보고서Stern Report[경제학자 스턴 경Lord Stern이 쓴 700쪽짜리 보고서_옮긴이], 즉 『기후 변화의 경제학The Economics of Climate Change』은 사회적 비용/편익 관점에서 온실가스를 즉각적이고 급격하게 감소해야 한다고 주장하며 개혁을 선택했다. 이 입장에 따르면, 그러한 감축을 늦출 경우 세계 총생산이 감소되고 기후 변화의 영향을 완화하는 데 필요한 투자가 감소되는 등 미래에 훨씬 더 많은 비용이 발생할 것이다. 개혁주의자들은 기후 변화를 시장이 실패한 결과라고 본다. 그들은 온실가스 배출에 부담금을 부과하여 시장의 실패를 교정한다면, 경제성장 그리고 경제성장이 부자와 가난한 사람들에게 가져다주는 혜택이 지속 가능한 형태로 계속될 것이라고 본다.

급진주의자들이 볼 때, 스턴 보고서는 난센스이다. 녹색 성장이 아닌 탈성장이 필요하다. 클라이브 스패시Clive Spash는 이렇게 쓰고 있다. "[스턴 보고서의] 저자들은 전통적인 경제성장은 지속될 수 있고 우리의 모든 문제에 답을 줄 수 있다는 지배적인 정치적 신화를 영구화하는 경제적 정통주의에 여전히 충성하고 있다."[7] 급진주의자들은 종의 멸종, 빙하의 소실, 해안 지대의 범람, 그리고 기후 변화에 의한 인간의 대량 사망은 비용/편익 분석에 의해 평가될 수 없는 손실이라고 믿는다.

많은 급진주의자가 하나의 자원 할당 체계로서의 시장을 거부하는, 권리에 기초한 분석 틀을 채택한다. "기후 변화, 적어도 일정 온도 이상의 기온 상승은 지속 가능한 개발, 세대 간 책임 및 공정성이라는 기본 원칙을 위반하고 따라서 미래 세대의 양도할 수 없는 권리를 침해한다."[8] 필요한 것은 부자들의 소비를 빨리 줄이고, 이산화탄소 배출량을 극적으로 줄이고, 전 세계적으로 저소비 생활양식을 채택하고, 국제 무역이 아닌 지역 생산 체계를 통해 자급하는 글로벌 사회로 나아가는 것이다. "적을수록 풍요롭다." 저소비 생활양식은 환경 재앙을 만들어내지 않는 개발을 가능하게 하고, 개인적 만족도와 성취도를 높이며, 영적인 의미에서 인간과 자연을 다시 연결한다.

덜 추상적인 수준에서 "어떻게 해야 하는가"에 대한 논쟁은 **완화**(기후 변화가 너무 급속하게 일어나지 않게 하기 위해 이산화탄소 배출을 줄이는 것)와 **적응**(기후 변화에 더 잘 대처할 수 있도록 현재의 삶의 방식을 바꾸는 것)을 의사결정의 기본원리로 삼는 방식에 초

부자 나라들이 가난한 사람들을 도와야 하는가

점을 맞추고 있다. 하지만 누가 온실가스 생산을 완화(즉, 감축)해야 하는가, 그리고 누가 적응 비용을 지불해야 하는가라는 질문이 제기되자마자 첨예한 의견 차이가 발생한다. 1990년대에 미국이 교토 의정서에 서명하기를 거부한 것과 2007년 발리 기후정상회의, 2009년 코펜하겐 기후정상회의, 2012년 도하 기후변화회의가 실패한 것에서 알 수 있듯이, 이 문제를 둘러싼 협상은 항상 난제로 가득하다.

다행스럽게도 2015년 12월에 열린 COP 21 기후정상회의는 난국을 돌파한 것으로 보인다. 그 회의에서는 미국과 중국의 지도력으로 파리 협정에 대해 유엔 회원국 195개 국가의 지지를 가까스로 얻어냈다. 파리 협정은 다음을 목표로 설정했다. (1) 21세기 후반 동안 인간이 만들어내는 온실가스의 순배출 수준 제로(0)를 달성한다. (2) 1.5°C 이상으로 지구온난화가 일어나지 않게 하기 위해 최선을 다한다(이는 2050년 이전에 순배출량 제로를 달성한다는 것을 의미한다). (3) 각국이 저탄소 글로벌 경제에 대해 기여하는 정도를 이해당사자가 5년마다 평가한다.

하지만 이 메커니즘은 구속력이 없다. 각국이 자국의 감축 목표를 설정하고, 이해관계자 정상회담은 성과가 저조한 나라들을 "거명하여 수치를 주는 데" 그칠 뿐이다. 아마도 국제적인 준수 조처도 없을 것이다. 세계 지도자들이 이것을 대단한 성공이라고 선언한 반면, 시민사회 단체들은 비판하고 우려했다. 파리에서 각국이 기여하기로 약속한 것을 지킨다고 하더라도, 그것은 지구온난화를 약 2.7°C로 제한하는 데 그칠 것이다. 이는 국제기준인 2°C를 훨씬 상회하는 수준이어서 앞으로 기여도를 늘려야 하는데, 이는 구속력이 없는 '약속'에 불과하다. 급진주의자들이 볼 때, 파리는 하나의 '배반'이었다. 파리 협정은 종의 멸종과 심각한 환경 악화를 피할 수 없는 것으로 받아들이는 약한 개혁주의적 전략을 입안한 것이었다.

파리 협정에 대한 나의 개인적인 견해는, 파리 협정이 낙관론 ― 비록 조심스러운 낙관론이기는 하지만 ― 의 근거를 제공한다는 것이다. 그 협정의 일부를 뒷받침하는 기후 정의climate justice 관념은 서로 다른 나라들이 완화와 적응의 비용에 얼마나 기여해야 하는지에 대한 걸림돌을 해소할 수 있는 잠재적인 수단을 제공한다. 스톡홀름 환경 연구소Stockholm Environmental Institute의 '온실 개발권 프레임워크greenhouse development rights framework'는 이러한 관념을 예증한다. 만약 일일 소득이 20달러 이상인 모든 개인을 지구온난화에 책임이 있는 것으로 간주하고(소득이 높을수록 온실가스를 더 많이 생산한다), 1990년(지구온난화가 처음 확인되었던 시점)부터 이산화탄소 배출량을 정량화한다면, 온난화를 완화하고 적응 정책에 자금을 조달하기 위한 '각국의 의무'

부자 나라들이 가난한 사람들을 도와야 하는가

가 공평하게 계산될 수 있을 것이다.

이 기준에 따르면, 미국은 글로벌 완화 목표의 33.1%, 유럽연합은 25.7%, 중국은 5.5%, 인도는 0.5%를 부담하게 될 것이다. 모든 국가가 완화에 기여하겠지만, 세계 인구의 12%를 차지하는 가장 뒤진 개발도상국가들은 이산화탄소 배출량이 적기 때문에 완화 목표의 0.01%만 책임지게 될 것이다. 중국과 인도 같은 신흥 강국은 향후 몇 년 동안 배출량에 대한 자신들의 몫이 크게 증가할 경우, 모든 국가에 적용되는 일단의 공통 원칙에 의해 그 기여의 몫이 증가할 수 있다.

기후 변화와 빈곤 퇴치라는 목표를 하나로 통합하는 것이 갖는 잠재적 이점은 그간 UN에서 인정되어 왔으며, 이 이점은 밀레니엄개발목표(2000~2015년)가 왜 UN의 지속가능개발목표(2016~2030년)로 전환되었는지를 부분적으로 설명해 준다. 국제적 의제에서는 지구온난화가 글로벌 빈곤보다 더 높은 위치에 있을 가능성이 클 것으로 보인다(이는 지구온난화가 강대국, 주요 기업, 그리고 더 잘사는 사람들의 물질적·문화적 이익에 훨씬 더 직접적으로 영향을 미치기 때문이다). 따라서 지속가능성과 관련된 협정을 통해 가난한 사람들을 돕기 위한 정책을 촉진하는 것이 전략적으로 가장 효과적일 수 있다.

그러한 정책에는 열대 농업 연구 및 건강 문제에 대한 기금을 증대시키는 것, 도시 홍수 인프라를 건설하는 것, 글로벌 세금 또는 탄소 시장을 도입하는 것, 저탄소 에너지 기술을 개발도상국에 특허 비용 없이 이전하는 것 등이 포함될 수 있다. 이 모든 정책은 기후 변화를 완화하고 가난한 사람들이 그러한 변화에 적응하는 것을 돕는 동시에 빈곤을 직접적으로 감소시킬 것이다.

그렇지만 지구온난화의 부정적인 결과를 피하기 위한 정책들 — 세계에서 가장 부유한 국가들과 가장 부유한 사람들의 생산과 소비 패턴을 규제하는 것을 포함하는 — 이 점점 더 불평등해지는 세계에서 실제로 진전되어 나갈 수 있을까?

불평등: 부자는 점점 더 부유해지고 있다

불평등은 커다란 논쟁이 되어왔던 주제이지만, 아주 최근에 뜻밖에 서로 다른 입장들이 더욱 수렴되기 시작해 왔다. 역사적으로 보면, 경제적 불평등이 나쁜 것인지 좋은 것인지를 물을 때 불평등 논쟁이 발생한다. 정부가 불평등과 관련하여 무엇을 해야 하는지를 물을 때면 그 논쟁은 정말로 뜨거워진다. 그리고 나서 '재분배'가 언급될 때면 때때로 히스테리가 발생한다.

좌파 성향의 사람들은 불평등은 본질적으로 인류에게 나쁜 것 — 불평등은 부정한 것 — 이라고 주장할 것이고, 도구적으로는 전체 사회에 부정적인 결과를 초래한다고 주장할 것이다. 일부 사람들에게는 뜻밖의 말일 수 있지만, 가난한 사람들과 부유한 사람들 모두가 불평등이라는 잘못으로부터 고통 받고 있다. 리처드 윌킨슨Richard Wilkinson과 케이트 피킷Kate Pickett이 자신들의 저서『정신 수준The Spirit Level』에서 보여주었듯이, 부자 나라에서의 불평등 증가는 실제로 삶의 모든 측면(신체적 건강과 정신건강, 교육, 괜찮은 일자리, 그리고 심지어 삶의 만족도)에서 사회지표의 더 낮은 수준과 연관되어 있다.[9]

우파 성향의 사람들은 이러한 주장을 반박할 것이다. 경제학자들은 아서 오쿤Arthur Okun을 인용할 것이다. 그의 책『평등과 효율: 거대한 상충관계Equality and Efficiency: The Big Tradeoff』는 불평등을 줄이려는 노력은 효율성을 떨어뜨려 기업 및 경제성장을 제약한다는 논리로 많은 사람(특히 미국에서)을 설득했다.[10] 이러한 관념은 레이건과 대처 같은 지도자들에게 영향을 미쳤고, "탐욕은 선하다"라는 믿음을 심어주었다. 불평등은 사람들로 하여금 더 많은 노력을 하도록 자극하고 경쟁을 부추긴다고 주장되었다. 이러한 주장은 미국 공화당과 영국 보수당의 일부 사람들에게서 여전히 공감적 반응을 일으키고 있다.

그러나 시대가 바뀌어왔다. 불평등에 대해 열변을 토하는 것은 비정통 경제학자들과 좌파 성향의 NGO들뿐만이 아니다. IMF, 그리고 우리가 살펴보았듯이 크레디트 스위스는 부의 불평등 증가가 초래하는 결과와 재분배 정책이 가져다줄 잠재적 이익을 알리는 권위 있는 연구 결과들을 발표해 왔다. 실제로 2015년 세계경제포럼World Economic Forum에서 세계에서 가장 부유하고 가장 권력 있는 사람들은 IMF와 세계은행의 수장들이 불평등의 증가로 인해 야기된 문제들에 대해 한탄하는 것을 목격했다.

어떤 기준에 근거하여 살펴보더라도, 각국 내에서 불평등이 놀라운 속도로 증가하고 있다. 누가 어떤 척도(부 또는 소득), 어떤 데이터세트(국민계정 또는 과세)에 근거하여 분석했는지에 따라 불평등의 세부 모습은 다르지만, (라틴 아메리카의 경우를 제외하고는) 가장 부자인 사람들이 다른 누구보다도 빠르게 더 부유해지고 있다는 데에는 모두가 동의한다. 세계 상위 1%의 실질소득은 1988년에서 2008년 사이에 60% 이상 증가했다. 그리고 앞에서 언급한 옥스팜의 주장 — 2016년경에 상위 1%의 부가 나머지 99%가 소유한 부와 같아질 것이라는 주장 — 에 대해 그간 이의가 제기되기도 했지만, 현재 추세가 계속된다면 곧 그 티핑포인트에 도달할 것이다.

부자 나라들이 가난한 사람들을 도와야 하는가

잡지 ≪포브스Forbes≫는 2014년에 빌 게이츠를 790억 달러의 자산을 가진 세계 최고 부자로 평가했다. 그는 700억 달러에 불과한 멕시코의 카를로스 슬림Carlos Slim을 제쳤다. 두 사람 모두 우간다의 전체 인구가 1년 동안 생산하는 것(약 500억 달러)보다 더 많은 부를 가지고 있었다. 그러나 우간다라고 해서 슈퍼 부자 목록에 등장하지 않는 것은 아니다. 우간다의 가장 부유한 사업가 수디르 루파렐리아Sudhir Ruparelia가 포브스의 『세계의 억만장자World's Billionaires』 리스트의 맨 아래 순위에 진입했다.

2013년에서 2014년까지 전체 억만장자의 수는 15% 증가했다. 1년 만에 268명의 새로운 억만장자가 탄생했다. 그러나 모든 억만장자가 불평등이 좋은 것이라고 말하는 것은 아니다. 세계에서 가장 성공한 투자자인 워런 버핏은 자신이 미국 국세청에 납부한 소득세의 몫이 자기 사무실의 사무직원보다 낮다고 말한 적이 있다. "어떻게 이럴 수가 있지? …… 그래, 계급전쟁이 존재하지. …… 그러나 전쟁을 일으키고 있는 것은 우리 계급, 즉 부자 계급이고, 우리가 이기고 있어."[11]

이러한 불평등 증가의 원인은 복합적이지만, 두 가지 요인이 두드러진다. 첫째, 현대 자본주의는 자신들의 두뇌 능력(빌 게이츠)이나 정치적 연줄(카를로스 슬림) 또는 둘 다(일단 돈을 가지면 정치적 연줄은 곧 따라온다)로 어떻게든 돈을 긁어모으는 사람들이 다른 사람들보다 자신의 부를 더 빨리 늘릴 수 있는 경제 과정에 기초해 있다. 토마 피케티Thomas Piketty가 우리에게 말하듯이, 20세기의 일부를 제외한 모든 역사적 기록이 보여주듯이, 자본(물리적 자산과 금융 자산의 소유)으로부터 얻는 수익이 노동(일)으로부터 얻는 수익보다 더 크다.[12] 그래서 부자들은 더 부자가 된다.

그러나 정치-경제적인 이유도 있다. 엄청난 부를 가진 사람들은 자신들이 더 부유해질 수 있도록 각국의 공공 정책과 국제 공공 정책을 틀 지을 능력을 가지고 있다. 부호와 신흥 재벌들은 로비활동(미국을 보라)과 아마도 그리 합법적이지 못한 정책 결정 수단들을 통해 '규제 포획regulatory capture'[규제기관이 규제 대상에 의해 포획되는 현상_옮긴이]을 할 수 있다. 그들은 국내 및 국제 특허와 경쟁 관련 법률 및 조세 관련 법률을 자신들에게 유리하게 만들어 자신들이 사업을 벌이는 시장을 지배하고 세금 납부를 피할 수도 있다. 부호들은 심지어는 언론을 장악함으로써 불평등이 모든 사람에게 좋은 것이라고 공중을 설득할 수도 있다.

노벨상 수상자인 조지프 스티글리츠는 불평등이 미국 경제의 구조뿐만 아니라 정치체계의 토대까지 잠식해 들어가는 방식에 대해 열정적으로 글을 써왔다. 그는 『불평등의 대가The

부자 나라들이 가난한 사람들을 도와야 하는가

Price of Inequality』에서 미국을 1%의, 1%를 위한, 1%에 의한 국가로 본다.[13] 미국에서 시장은 작동하지 않으며, 따라서 비효율과 불안정이 경제 규범이 되었다. 정치체계로는 그러한 시장 실패를 시정할 수 없다는 것이 입증되어 왔다. 왜냐하면 정치체계가 1%의 사람들 — 비효율적이고 불안정한 시장으로부터 가장 많은 이익을 얻는 사람들 — 과 제휴해 왔기 때문이다. 그 결과 경제체계와 정치체계는 "근본적으로 불공정하다." 1%의 사람들은 이제 경제적 기회가 모두에게 열려 있지 않을 것임을 인정한다. 더 나쁜 것은 그 사람들이 사회이동 — 열심히 일하고 열정적인 가난한 사람들이 부자가 될 수 있는 가능성 — 은 이제 하나의 역사적 신화가 되었다는 것을 확인시켜 준다는 것이다.

게다가 미국에서 일어나는 일은 전 세계의 자본주의에 영향을 미친다. 그것은 유럽, 아시아, 아프리카에 "근본적으로 불공정한" 경제체계를 부추기고, 이는 다시 매우 불평등한 정치체계를 조장한다.[14] 스티글리츠가 볼 때, 미국과 유럽의 점령 운동Occupy movement, 아랍의 봄, 그리스에서의 소요, 중국 농촌에서 발생하는 매년 수천 건의 폭동, 그리고 남아프리카의 도시들에서 일어나는 거리 저항을 설명해 주는 하나의 근원적인 요인이 있는데, 그것이 바로 불평등이다.

불평등의 증가가 경제성장과 인간 복지에 미치는 결과는 과거에도 상당한 논란이 되곤 했지만, 지금은 논쟁이 수렴되고 있다. 우리는 옥스팜이 불평등에 대해 부정적인 연구 결과를 내놓을 것이라는 점은 쉽게 예상할 수 있다. 그러나 앞서 지적한 바와 같이, IMF는 최근에 놀랍게도 옥스팜과 유사한 입장에 도달했다. 이를테면 IMF의 연구원들은 다음과 같이 결론짓고 있다.

여전히 성장에 초점을 맞추고 불평등이 저절로 해결되도록 내버려두는 것은 잘못일 것이다. 왜냐하면 불평등은 윤리적으로 바람직하지 않을 수 있을 뿐만 아니라 불평등으로 인해 성장이 더디고 불안정해질 수도 있기 때문이다. …… 이처럼 재분배는, 그리고 재분배로 인한 불평등의 감소는 더 높은 그리고 더 지속적인 성장과 연관되어 있다.

IMF는 문헌 속에서 다음과 같은 '잠정적 합의'를 확인한다. "불평등은 건강과 교육의 발전을 저해할 수 있고, 정치적·경제적 불안정성을 야기하여 투자를 감소시킬 수 있고, 충격에 직면하여 조정을 하는 데 필요한 사회적 합의를 약화시킬 수 있다. …… 따라서 불평등은 성장 속도를 떨어뜨리고 지속 기간을 감축시키는 경향이 있다."[15] 이처럼 높은 수준의 불평등은 성장이 붕괴될 가능성을 높이고 교육과 건강을 해치고 소득 빈곤을 악

부자 나라들이 가난한 사람들을 도와야 하는가

화시키지만, 여전히 이 문제를 해결하는 것은 사실상 불가능해 보인다!

무엇을 할 수 있는가? 토지와 자산을 몰수하여 재분배하는 혁명적인 해법은 공산주의와 사회주의가 붕괴한 후 지지자가 거의 없다. 조세 및 재정 재분배(빈민을 위한 교육, 의료 서비스, 사회 보호에 대한 공적 지출을 통한)와 같은 보다 개혁적인 조치들이 지지를 얻고 있다.

피터 린더트Peter Lindert는 자신의 독창적인 저서 『공적 지출 증대하기Growing Public』에서 19세기와 20세기 내내 총합적인 수준에서 사회지출의 증가가 장기적인 경제성장 및 복지 향상과 어떻게 연관되어 있었는지를 입증했다.[16] 최근의 증거들은 국가 수준에서, 그리고 더 가난한 나라들에서 국내 자금에 기반하여 교육, 보건, 사회 보호에 효과적으로 공적 지출을 하는 것이 지속적인 성장, 구조적 변화, 복지 진전에 대한 전망을 높인다는 것을 분명하게 보여준다.

사회 정책은 단순히 공적 '비용'을 부담하여 가난하고 불우한 사람들을 돕는 것에 관한 것이 아니다. 그것은 국민경제의 지속적인 성장, 사회적 결속, 모든 시민을 위한 복지 향상을 위한 공공 투자에 부를 재분배하는 것에 관한 것이다.

증거는 그러한 사회정책들의 효과를 분명하게 보여주지만,

그러한 정책들을 가장 필요로 하는 곳 — 즉, 가난한 나라들 및 매우 가난한 나라들 — 에서 그 정책들을 실행하는 데에는 매우 많은 어려움이 있다. 국제 기업 엘리트와 손잡고 있는 많은 국내 기업 및 정치 엘리트의 성격 — 탐욕스럽고 착취적이며 약탈적인 — 과 이들이 전파하는 사회 규범 — 가능한 한 빨리 가능한 한 많은 것을 만들어라, 모든 사람은 오직 자기 자신을 위해 존재한다 등 — 은 사회적으로 유익한 정책이 효과적으로 실행되기가 쉽지 않다는 것을 의미한다. 가난한 나라들에서 진보적인 사회 정책이 점점 더 많이 실행되고 있지만, 기금은 약속된 것보다 적게 제공되고 있으며, 서비스 전달 기관들은 가난한 사람들에게 기본 서비스를 제공하지 않아도 제재받지 않는다.

많은 가난한 나라들에서 국내 기업의 강력한 로비 — 더 나아가 경제가 개방된 상황에서는 다국적기업들이 과세를 피하기 위해 가격을 조작하여 제품을 이전할 수도 있고 자신들이 원하는 것보다 더 많은 세금이 부과되면 그 나라를 '떠나겠다'고 위협할 수도 있다 — 는 자주 가난한 나라들이 사회적 지출에 재정을 지원하는 능력을 제한한다. 통치체계의 취약성 — 이는 때로는 역량 부족에서 기인하지만 때로는 (아프가니스탄에서와 같이) 더 치명적이고 실제적으로는 공적 자원을 잘못 관리했기 때문에 발생하기도 하다 — 은 세계의 많은 지역에서 공공 서비스(교육, 보건, 사회 보호)가 복지를 향상시키고 미래를 뒷받침하는 방식으로 전달되지 않는다는 것 — 그리고 기업과 부자들은 조세 및 세수 의무를 피할 수 있다는 것 — 을 의미한다.

1%의 힘은 난공불락인 것처럼 보일 수도 있다. 빌 게이츠도 자신의 거대 자선사업이 글로벌 빈곤을 근절하지 못할 것임을 인정한다. 그렇다면 우리는 현 사태를 바꿀 기적을 기다려야 하는가? 아니면 기업과 기업가가 국내 세수 동원을 저해하지 못하도록 규제하고 그들이 공적 지출에 더 기여하게 함으로써 정부가 더 폭넓은 성장, 모두를 위한 번영 및 복지를 촉진할 수 있게 하고 그리하여 민주주의가 금권정치를 대체할 수 있게 해야 하는가? 그것도 아니면 부자들이 불평등을 계속해서 글로벌 사회 규범으로 조장할 경우 그들이 자신의 손자 손녀를 위해 원하는 세상을 얻지 못할 것이라고 1%를 설득하기 위해 저항 물결 — 그 결과는 때로는 사회적으로 진보적이기도 하고 때로는 이집트에서처럼 퇴행적이기도 하다 — 을 점점 더 키워나가야 하는가?

디스토피아 탈출하기

지구 환경 붕괴와 사회 붕괴라는 디스토피아적 미래를 배경으로 한 영화들 — 〈아바타Avatar〉, 〈헝거 게임The Hunger Games〉,

〈인타임In Time〉, 〈더 로드The Road〉, 〈매드맥스Mad Max〉, 그리고 〈다이버전트Divergent〉 시리즈와 같은 ─ 이 오늘날 인기 있는 것은 아마도 그저 하나의 일시적인 유행일 것이다. 일시적인 유행이 아니라면 혹시 그것이 '상황'이 통제 불능으로 빠져들고 있다는 것을, 그리고 부자 나라의 지도자들이 자국 시민의 안전을 개선하기를 원하지 않거나 개선시킬 수 없다는 느낌이 고조되고 있다는 것을 보여주는 하나의 신호이지는 않을까?

온실가스 농도의 증가에 대해 부자 나라들이 지고 있는 직접적인 책임은 그들에게 온실가스 배출을 줄일 것, 그리고 온실가스로 인해 발생하는/발생할 피해에 대해 더 가난한 사람들에게 보상할 것을 도덕적으로 요구한다. 이러한 환경적 도전과 함께 현재의 글로벌 자본주의의 물결에서 발생하는 과제들도 있다. 글로벌 자본주의의 물결은 극단적인 빈곤을 성공적으로 감소시켜 왔지만, 대부분의 나라에서 전례 없는 속도로 경제적 불평등을 만들어내고 있다. 게다가 소수의 부호 엘리트들(1%, 더 정확하게는 0.1%)은 점점 더 각국 정책과 국제 정책을 결정할 수 있고, 언론 통제를 통해 여론을 틀 지을 수 있다.

인류가 직면하고 있는 새로 출현하는 문제들 ─ 기후 변화와 불평등 ─ 은 기껏해야 부분적으로만 효과가 있는 대외 원조를 포함하여 과거부터 계속되고 있는 문제들 ─ 불공정한 국제 무역 체제, 세계은행과 IMF의 정책 강요, 개발금융에의 접근성 부족, 이주 장벽 등 — 과 결합하여 부자 나라들이 가난한 사람들 및 가난한 나라들을 더 효과적으로 지원하기 위한 하나의 정명(도덕적 정명인 동시에 자기 이익 추구적인 정명)을 만들어내고 있다. 그러한 조치는 어떤 형태를 취할 수 있는가? 그러한 조치는 어떻게 적극적으로 촉진될 수 있는가?

제5장

깨진 약속에서 글로벌 파트너십으로

　부자 나라와 그 시민들은 세계의 가난한 사람들을 돕기 위해 훨씬 더 많은 일을 해야 한다. 그들은 두 가지 이유에서 그렇게 할 필요가 있다. 첫째, 그것은 윤리적으로 옳은 일이다. 둘째, 그것은 그들의 자기 이익을 위한 것이다. 작고 인구 밀도가 높고 고도로 연결된 행성에서는 멀리 떨어진 곳의 문제도 곧바로 부자 나라들에게 어려움을 만들어낼 수 있는데, 그것은 예상치 못한 이주일 수도 있고, 새로운 건강 위험일 수도 있고, 마약의 유입이 늘어나는 것일 수도 있고, 국가안보에 대한 위협일 수도 있고, 아니면 또 다른 문제일 수도 있다. 이제는 과기의 깨진 약속에서 인류 모두가 품위 있는 삶을 살 수 있는 진정한 글로벌 파트너십을 구축하는 데로 나아가야 할 때이다.

글로벌 파트너십을 강화하는 비교적 쉬운 첫 단계는 글로벌 낙후국들 — 일본, 한국, 미국 — 의 대외 원조 지출을 꾸준히 증가시키고 모든 공여 기관의 원조 효과를 크게 향상시키는 것이다. 하지만 이것은 단지 첫 단계일 뿐이다. 그것은 가난한 사람들이 자신들의 삶을 향상시킬 수 있는 속도를 바꾸지는 못할 것이다.

진정한 진전을 이루기 위해서는 부자 나라들이 큰 그림 — 즉, 성장, 지속가능성, 형평성을 촉진할 수 있는 정책 문제 — 에 초점을 맞추어야 한다. 그리고 부자 나라들이, 더 정확하게 말하면 글로벌 빈곤을 우려하는 부자 나라의 시민들이 글로벌 빈곤을 우려하는 가난한 나라의 시민들과 협력하여 개발의 국제정치경제에 참여할 필요가 있을 것이다. 기존의 '통상적인' 정책을 그냥 지지할 뿐인 기득권 세력은 태클 당할 필요가 있다. 더 나아지게 만든다는 것 — 다시 말해 포용적 발전을 위해 보다 효과적인 지역·국가·글로벌 파트너십을 구축한다는 것 — 은 무엇을 해야 하는지를 생각하고 그 생각에 근거하여 정치적 행동을 취하는 것을 의미한다.

부자 나라들이 가난한 사람들을 도와야 하는가

무엇을 해야 하는가?

다섯 가지 주요 정책 영역을 다시 설계할 필요가 있다. 첫째, 가난한 나라들이 그들 나름으로 일자리 창출 성장과 인간 개발 개선 ─ 더 나은 보건, 교육, 사회적 응집력 ─ 을 위한 전략을 설계할 수 있는 정책 공간을 확대해야 한다. 그러한 정책들을 시행하기 위해서는 거시경제 안정성이 건전해야 하지만, 유아기 산업을 육성하는 산업 정책과 더 취약한 사람들을 위한 양질의 교육, 기초 보건 서비스, 사회 보호를 제공하는 재분배적 사회 정책도 거기에 통합시킬 수 있다. 워싱턴 컨센서스 약을 복용하는 것은 많은 저소득 국가에서 제한된 결과만을 낳았다. 원래의 아시아의 호랑이들과 중국, 인도, 말레이시아, 모리셔스, 베트남 등이 거둔 대성공은 각국이 소유한 보다 비정통적인 전략에 기초해서 이루어져 왔다.

둘째, 국제 금융에 대한 주요 개혁을 통해 개발 자금의 유입을 크게 증가시켜야 하고, 다국적기업들과 국가 엘리트들이 가난한 나라들로부터 불법적·탈법적으로 자본을 유출하는 것을 극적으로 감소시켜야 한다. 중국의 양자 간 금융과 중국 주도의 다자주의가 보다 중요해짐에 따라 개발금융의 흐름이 이미 변화하고 있다. 이러한 흐름과 함께 BRICS의 계획들이 금융의 가용성을 높이고 있다. 조세 회피를 통해 돈을 뜯기는 것은 가난한 나라들만이 아니라는 것을 부자 나라들이 깨달았기 때문에, 다국적기업들은 점점 더 강화된 감시를 받고 있다.

셋째, 국제 무역 협상가들은 가난한 나라들을 위해 일련의 비호혜적 협정에 기초하여 '개발 라운드'를 진정으로 평평한 경기장으로 만들기 위해 2000년에 약속했던 것을 지켜야 한다. UN의 지속가능개발목표는 특히 농산물 무역에서 그러한 약속의 이행이 필요하다는 것을 재확인하고 있다. 무역과 함께 국제 이주도 경제 자유화에 관한 협상에 포함되어야 할 것이다. 즉, 자본, 재화, 서비스의 글로벌 흐름을 자유화하는 것은 노동의 흐름을 자유화하는 것과 연계되어 논의되어야 한다. 이것은 가난한 사람들에게 좋은 일일 테지만, 급속하게 고령화되고 있는 세계 지역들 − 유럽, 일본, 그리고 곧 중국 − 의 경제성장과 사회복지를 유지하는 데에도 필수적이다. 어떤 부자 나라도 자국의 노동시장을 완전히 개방하는 데 대한 준비가 되어 있지 않을 것이지만, 기존의 난민조약을 존중하고 현재의 '유럽 요새화Fortress Europe'(그리고 '오스트레일리아 요새화Fortress Australia') 정책보다 더 효과적으로 이주를 관리하는 것이 반드시 필요하다.

넷째, 인류가 안전하고 공평한 미래를 바란다면 기후 변화 문제가 해결되어야 한다. 지난 두 세기 동안 산업화된 세계의 에

부자 나라들이 가난한 사람들을 도와야 하는가

너지 낭비적인 시민과 기업이 배출한 탄소는 지구온난화 문제를 만들어내 왔다. 따라서 부자 나라들은 탄소 배출을 완화하고 가난한 나라들이 변화된 기후(해수면 상승, 더욱 예측할 수 없고 더욱 극단적인 온도 및 강우 패턴, 기후 관련 재해의 증가)에 적응하는 데 필요한 비용을 지불하는 데 앞장서야 한다. 그러나 BRICs 및 다른 신흥 경제국들의 경제성장은 이제 많은 중간 소득 국가들이 온실가스 배출을 늘리고 있다는 것을 의미한다. 그들은 조치를 취해야 할 것이다. 195개 UN 회원국 모두가 승인한 2015년 파리 협정이 만들어낸 진전은 온실가스 배출을 제한하고 기후변화 적응 자금을 조달하는 것과 관련한 전망에 신중한 낙관론이 자리할 토대를 마련해 내고 있다.

마지막으로, 하지만 마찬가지로 분명히 중요한 해결해야 할 문제는 현대 글로벌 자본주의가 낳은 소득과 부의 급증하는 불평등이다. 부자 나라들이 진정으로 세계의 가난한 사람들을 돕고 자국 시민들을 위해 성장 가능한 미래를 만들고자 한다면 해결해야만 하는 큰 문제들 모두가 국가 간 및 국가 내의 높은 수준의 불평등을 용인함으로써 악화되고 있다. 자본주의는 자신의 역사적 규범 — 즉, 부를 자본(물질적 자산, 금융 자산, 지적 자산)을 통제하는 소수의 인구의 손에 집중시키는 것 — 으로 되돌아가 왔다.

더욱 놀라운 것은 경제적 불평등의 증가가 민주주의를 훼손하고 있다는 것을 보여주는 조지프 스티글리츠의 증거이다. 앞에서 지적한 바와 같이, 비교적 소수의 부호 집단 ― 1% 또는 어쩌면 0.1% ― 은 (1) 자국의 정치적 논쟁을 통제하고 (2) 국가 간의 국제 협상을 틀 짓는 능력 때문에 점점 더 각국 정책 및 국제 정책을 틀 지을 수 있다. 이들 엘리트는 기업의 사회적 책임 프로그램, 자선 신탁, 그리고 유명인들과 함께하는 언론 출연 뒤에 숨음으로써 자신들의 약탈적인 사회 규범과 행동을 부분적으로 감출 수 있다.

변화가 일어나게 만들기

부자 나라들은 모든 인류에게 공평하고 성장 가능한 미래를 만들기 위해 '무엇'을 할 수 있었는지를 점점 더 많이 알아가고 있다. 정말로 어려운 문제는 "무엇을 해야 하는가?"라고 물을 때가 아니라 "어떻게 변화를 일으킬 수 있는가?"라고 물을 때 발생한다. 우리의 지도자들은 ― 리우(1992년, 2012년)에서부터 뉴욕(2000년, 2015년)에 이르기까지에서 보듯이 ― 가난한 사람들을 돕고 지구 환경을 구하는 것에 대해 거창하게 말은 잘하지만,

그러한 약속을 그리 잘 지키지는 않는다.

'포스트-민주적인post-democratic' 부자 나라의 (우리의 정치 지도 자들과 정당들에 대해 점점 더 환멸을 느끼는) 시민들인 우리 역시 우리의 지도자들에게 약속을 지키도록 요구하는 데서는 그리 실제적이지 못하다. 불공정, 불평등, 환경 악화로부터 이익을 얻는 기득권자들이 어떻게 제대로 이의를 제기할 수 있겠는가? 이것은 전략적으로 생각할 것, 조직의 측면에서 생각할 것, 전술적으로 생각할 것, 그리고 행동을 취할 것을 요구한다.

전략적 측면에서 보면, 사상과 조직 면에서 진전이 이루어져야 한다. 부자 나라가 가난한 사람들과 가난한 나라를 도와야 하는 이유에 대한 이해를 높이고 정치 지도자들이 다르게 행동하도록 실질적인 압력을 가하기 위해서는 공적 영역에서 전면적인 사상 전쟁war of ideas이 필요하다. 이 사상 전쟁은 가난한 사람들을 지원하는 윤리적 근거와 보다 자기 이익 추구적인 이유 ─ 즉, 경제적·사회적·환경적으로 지속 가능한 상황을 만들어내는 것이 왜 부자 나라 시민들의 번영을 위한 것인지 ─ 를 설명할 필요가 있을 것이다.

거기에는 원조 효과의 개선, 가난한 사람들의 의약품 접근 기회 확대, 노동 흐름의 자유화, 기후 정의의 실현, 포용적 성장, 번영을 통해 출산율 낮추기, 경제적 불평등 감소 등 우리가 진척시켜야 할 세부 아이디어들이 많이 있지만, 우리가 추구해야 할 포괄적인 원칙을 먼저 명확히 해야 한다. 우리는 '하나의 세계'에 살고 있다. 그리고 우리가 우리 자신의 좋은 삶을 바라고 우리 자녀와 미래 세대가 좋은 삶을 살기를 바란다면, 우리는 사회 정의(빈곤과 불평등 감소)와 환경의 지속가능성을 적극적으로 추구해야 한다.

조직의 측면에서 보면, 우리는 커다란 과제에 직면해 있다. 부자 나라의 개발 NGO들은 엘리트 수준에서는 캠페인과 주장에서 상당한 진전을 이루었지만, 점점 더 시민사회와 단절되어 왔다. 그들의 전문 역량을 담은 캠페인, 탁월한 보고서, 설득력 있는 파워포인트 프레젠테이션은 의회와 국제회의에서 이의를 제기하고 논쟁의 틀을 바꾸어내는 데 일조할 수 있다. 그러나 이러한 성공이 주빌리 2000이나 공정무역과 같은 이전의 노력에 필적할 만큼 시민행동의 동원이나 공중의 태도 변화로 이어지는 경우는 좀처럼 없다. NGO들 ─ 빅 브랜드 NGO이든, 아니면 작은 규모의 NGO이든 간에 ─ 은 자신들의 지지자들과 다시 결합될 필요가 있다. 기부하는 것만으로는 충분하지 않다.

지지자들을 좀 더 회원처럼 행동하게 만들고, 그들이 이웃, 시의원, 하원의원, 정당들과 함께 스스로 아이디어와 관심사를 제시하게 만들 필요가 있다. 캠페인 벌이기를 전문가와 포커스

그룹에게만 맡겨두어서는 안 된다. 캠페인을 더욱 진전시키기 위해서는 교회와 회교 사원, 학생 단체, 노동조합, 여성 회관, 농민 협회, 소비자 단체 등에 사회적 뿌리를 내릴 필요가 있다. 그런 뿌리에서 시민의 목소리를 내고 정치적 행동을 동원하기 위한 연합체가 나올 수 있다. 글로벌 개발의 포괄적인 목표를 고려할 때, 그러한 연합체는 다양한 규모로 운영되어야 하고 부자 나라와 가난한 나라들을 가로질러 사람과 조직들을 연결하려고 노력해야 한다. 이는 어려운 일이지만, 여성 운동, 공정무역 운동, 국제빈민가거주자동맹Shack Dwellers International 등의 사례는 NGO들과 시민사회 단체들이 혁신적이고 효과적인 조직 형태를 만들 수 있다는 것을 보여준다. 기득권 세력이 잘 조직화되어 있는 세계에서 사회 변화를 위해 일하는 사람들은 스스로를 조직화해야 한다.

전술적 측면에서 보면, 우리는 시민, 시민사회 단체, NGO 및 관련 연합체들에서 매우 다른 두 가지 활동 경로를 확인할 수 있다. 첫째는 그들이 단합해서 부자 나라들의 정책과 관행을 급격히 변화시키고자 한다는 것이다. 그들은 어떤 형태를 취함으로써 그러한 일을 할 수 있었는가? 온건한 형태의 끝에는 1998년 영국 버밍엄에서 열린 G8 회의의 회의장을 에워싸고 인간 사슬을 만들어서 빚이 많은 가난한 나라들의 빚을 탕감할 것을 요구했던 주빌리 2000 운동이 있다. 그 결과 가난한 나라들은 수십억 달러의 빚을 탕감받았다.

보다 더 적극적인 형태로는 2008년과 2009년 런던, 뉴욕 등의 거리를 점거했던 점령 운동이 있다. 더 공격적이고 더 논란이 많았던 것은 1999년에 시애틀에서 열린 WTO 회의에서 저항자들이 벌인 행동으로, 그들의 폭력은 시애틀을 하루 동안 폐쇄시켰지만, 훨씬 더 많은 NGO와 시민사회가 무역 협상에 참여할 수 있는 문을 열어주었다. 이것은 WTO가 도하를 하나의 개발 라운드로 선언하게 하는 데 일조했다.

그러나 시애틀에서 사용된 전술은 시민 불복종을 훨씬 넘어 재산과 경찰에 대한 물리적 폭력을 수반했다. 나는 폭동 다음날 옥스팜 고위 직원들과 이것에 대해 논의했던 것을 기억한다. 그들 중 한 명은 말했다. "옥스팜은 결코 폭력의 사용을 지지하지 않을 것이다. 그러나 우리가 저항 결과에 만족하지 않는 것은 아니다. 몇 시간 만에 항상 우리에게 닫혀 있던 문이 열렸다." 원칙적으로 개발 단체들은 폭력적 접근방식이나 직접 행동 접근방식을 채택할 수 없다. 왜냐하면 그러한 방식은 그들이 추구하는 가치들 — 민주적인 협상, 다른 사람들의 말에 귀 기울이기, 인권 — 을 폐기하기 때문이다. 사회적으로 정의로운 세상을 이루기 위한 전술이 급속한 발전을 이루어내기란 쉽지 않다.

따라서 점진주의적 개혁의 둘째 접근방식에서는 단편적이고 진화적인 변화 과정이 '최선'이라는 것을 받아들이고 그러한 단편적 사건이 가져다주는 기회를 극대화하고자 한다. 여기에는 수년에 걸쳐 일어나고 있는 형태의 점차적이고 점진적인 변화들이 포함된다. 그러한 변화로는 일부 공여자에게 도움이 되는 원조의 효과가 서서히 나타나는 것, 개발 무역 라운드의 필요성이 점점 더 인정되는 것, 그리고 부자 나라들이 기후 변화에 대한 "공동의, 그렇지만 차별적인 책임"을 점점 더 수용하고 있는 것 등을 들 수 있다. 이러한 변화들은 점증적이지만, 세계의 가난한 사람들의 전망을 좀 더 개선해 준다. 글로벌 경제의 재구조화가 계속되고 아시아로 옮겨감에 따라, 개발금융에서 그러했던 것처럼, 단편적인 사건들이 변화를 가속화할 가능성이 있다.

  그러나 아마도 진보적인 사회 변화를 촉진하기 위한 급진적인 접근방식과 진화적인 접근방식을 '양자택일적' 선택지로 이해해서는 안 된다. 전략들을 조합함으로써 공식적인, 그리고 종종 비공식적인 조직 및 개인 네트워크를 끌어들이는 것이 필요하다. 기득권 세력에 대항하는 급진적인 시민사회 캠페인 단체들은 개혁주의 단체들에게 정책 변화를 협상할 수 있는 정치적 공간을 열어줄 수 있다. 따라서 세계의 가난한 사람들의 이익을 증진시키고자 하는 사람들은 네트워크 관점에서 그들의 활동을 바라볼 필요가 있다. "네슬레Nestlé가 아기를 죽인다"라는 (말 그대로) 살인자 주장을 펼치는 캠페인 단체는 옹호 단체와 전문 연구자들이 그 회사 정책을 구체적으로 변경할 수 있는 방안을 놓고 협상할 수 있는 길을 열어준다. 급진적인 변화를 요구하는 것은 진보적인 변화를 향해 나아가는 점증적 과정을 더욱 가속화할 수 있다.

다극 세계로의 전환은 진보적인 변화를 위한 기회로 삼을 수 있는 새로운 정치적 공간을 만들어왔고, 지금도 계속해서 만들어내고 있다. 부자 나라들이 이제 신흥 강국, 특히 중국과 브라질, 그리고 신흥 중간 강국들로부터 직면하고 있는 경쟁은 부자 나라들이 자신의 국제적 지위와 정당성을 유지하려면 자신의 소프트파워 도구(원조, 즉 주요 문제들의 해결에 앞장서고 글로벌 공공재에 기여하려는 의지)를 더 잘 활용하기 위해 노력해야 한다는 것을 의미할지도 모른다.

밀레이엄개발목표는 자신의 여덟째 목표로 '글로벌 파트너십'을 약속했지만, 이것은 현실에 자리 잡지는 못했다. 2010년대 후반의 변화된 국제 정치경제 ─ 브라질은 지속가능성 문제와 관련하여 주도적인 역할을 하고 있고, 중국과 미국은 이산화탄소 배출을 제한하기 위해 협력하고 있으며, 영국은 양자 간 원조 기구에 지도력을

부자 나라들이 가난한 사람들을 도와야 하는가

발휘하고 있고, 아마도 러시아는 그 협력이 공동의 적(다에시)에 직면한 상황에서 진전을 이룰 수 있는 길이라고 생각하고 있을지도 모른다 — 가 활력을 되찾은 국가 기관과 함께 '밀레니엄 국면Millennium Moment'에서보다 더 긍정적인 결과를 낳을지는 예측 가능하지 않다. 그럼에도 불구하고 밀레니엄개발목표에서 지속가능개발목표로 전환한 것과 온실가스 배출에 대한 합의가 절박하게 요구된다는 것은 새로운 기회의 창을 만들어왔다.

'하나의 세계'로 더 빨리 나아가기

세계의 가난한 사람들에 관한 '계량지표들'은 최근 들어 상황이 나아져 왔으며 개선 속도도 빨라지고 있음을 보여준다. 하지만 여전히 어떻게 계산하느냐에 따라 10억 명에서 30억 명의 사람이 가난하게 살고 있다. 그들은 인간의 가장 기본적인 욕구 중 적어도 하나를 박탈당하고 있다. 우리가 물질적으로, 기술적으로, 그리고 조직적으로 풍요로운 세계에 살고 있다는 것을 고려할 때, 이 수십억 명의 웰빙이 개선되는 속도는 너무 느리다. 만약 우리가 이용 가능한 자원 모두를 인류의 기본적인 욕구를 충족시키는 데 제공할 수 있다면, 아마 그 자원만으로도 충분히 모든 인류에게 적절한 괜찮은 생활수준buenvivir을 보장하고 취약점을 줄일 수 있을 것이다. 그러나 부자 나라의 지도자들은 모든 사람이 존엄한 삶을 살고 그들의 열망을 성취할 수 있게 하는 방식으로 세계를 재조직화하겠다고 약속하지 않는다.

공평하고 포용적이며 지속 가능한 세계로 나아가는 것 – 피터 싱어의 표현으로는 우리가 '하나의 세계'임을 인식하는 것[1] – 은 하나의 투쟁이 될 것이다. 그러나 부자 나라의 시민들과 지도자들이 그러한 세계로 나아가기 위한 조치를 취하고 그 일에서 앞장서야 하는 데에는 아주 타당한 근거들이 있다.

그 근거 중 일부는 윤리에 근거한다. 부자 나라들은 더 가난한 나라들과 가난한 사람들이 그들의 미래를 개선하는 것을 도울 수 있는 능력을 가지고 있다. 부자 나라들이 할 수 있는 것은 대외 원조를 더 효과적으로 만드는 것에서부터 가난한 사람들이 그들 스스로 더 나아지도록 돕는 글로벌 정책과 조치들 – 공정무역, 금융과 기술에 대한 접근성 확대, 열대 질병에 관한 연구 등등 – 을 협상하는 것에 이르기까지 다양하다. 그리고 부자 나라들의 식민지적·제국주의적 착취의 역사, 그들이 만들어낸 경제적 관계의 형태, 그리고 그들의 탄소 배출이 기후 변화를 야기한 방식 등의 측면에서 볼 때, 부자 나라들은 가난한 사람들에게 현재 기회가 부여되지 않고 있는 것에 부분적으로 책임이 있다. 부자 나라들은 적어도 그러한 문제들을 상당 정도 야기했기 때문에 그러한 문제들을 해결해야 할 도덕적 의무가 있다.

이러한 윤리적 주장 너머에는 자기 이익 추구라는 이유가 자리하고 있다. 부자 나라의 시민들이 자신의 자녀와 손자 손녀에게 괜찮은 미래를 마련해 주기를 원한다면, 그들은 더 공정하고 더 지속 가능한 세계를 만들어야 한다. 현재의 길을 계속 이어가는 것 — 즉, 지속 불가능한 생산과 소비 체계, 높은 수준의 예방 가능한 빈곤, 급증하는 경제적 불평등, 사회적·정치적 배제를 그냥 방치하는 것 — 은 그들이 원하는 사회를 만들어내지 못할 것이다. 그들 자신과 다음 세대에 지속 가능한 미래가 존재하는 세계 — 경제적·사회적·환경적 안전과 개인과 국가의 안전이 확보된 세계 — 를 이룩하기 위해 부자 나라들은 가난한 사람들을 훨씬 더 실제적으로 도와야 한다.

나는 이 책에서 이를 위해 요구되는 많은 정책적 변화와 조치에 대해 상세히 설명해 왔다. 그러한 정책과 조치들은 이전의 접근방식과는 크게 달라야 한다. 부자 나라들은 '원조 그 이상의' 조치를 취해야 하며, 사회 정의를 위해 빅 이슈들 — 무역, 기후 변화, 이주, 금융 및 기술 접근성, 그리고 진정한 글로벌 사회 규범으로서의 사회 정의의 실현 — 에 체계적으로 대처해야 한다. 이것은 불가능해 보일 수 있다. 하지만 우리는 그간 노예제도를 폐지했고, 여성의 투표권을 획득했고, 국제 인도주의 법을 제정했고, 가장 최근에는 극단적 빈곤에 빠진 인류의 비율을 1990년 약 47%에서 2015년 14%로 줄였다. 사회적으로 정의롭고 지속 가능한 세계를 실현하는 것은 결코 쉽지 않겠지만, 우리가 지금보다 훨씬 더 빠르게 그 방향으로 나아가는 것은 가능하다.

더 읽을거리

글로벌 개발의 역사와 현대적 본질을 이해하고픈 독자들은
그것을 탁월하게 분석하고 있는 앵거스 디턴Angus Deaton의 『위
대한 탈출: 건강, 부 그리고 불평등의 기원The Great Escape: Health,
Wealth and the Origins of Inequality』(Princeton: Princeton University
Press, 2013)에서 시작하면 좋을 것으로 보인다. 찰스 케니Charles
Kenny의 『더 나아지기: 글로벌 개발은 왜 성공하고 있고 우리는
어떻게 세계를 훨씬 더 개선할 수 있는가Getting Better: Why Global
Development Is Succeeding and How We Can Improve the World Even More』
(New York: Basic Books, 2011)는 인간 조건에 대해 낙관적으로
설명한다.

　나의 책 『글로벌 빈곤: 2015년 이후 시대의 글로벌 거버넌스
와 가난한 사람들Global Poverty: Global Governance and Poor People in
the Post-2015 Era』(London: Routledge, 2015)은 글로벌 빈곤에 대한
사상들을 검토하고 그다음으로 글로벌 개발 이론과 글로벌 빈

곤 축소의 실제를 개략적으로 설명한다. 국가 형성과 포용적 거버넌스의 역사적 과정 ─ 이는 번영과 빈곤의 많은 것을 설명해 준다 ─ 에 대해 알고 싶다면, 대런 애스모글루Daron Acemoglu와 제임스 로빈슨James Robinson의『왜 국가는 실패하는가: 권력, 번영, 빈곤의 기원Why Nations Fail: The Origins of Power, Prosperity and Poverty』(London: Profile Books, 2012)을 보라.

세계 ─ 특히 아프리카 ─ 에서 가장 가난한 사람들의 장래를 탐구하고 있는 것으로는 폴 콜리어Paul Collier의『10억 명의 빈민: 왜 가장 가난한 나라들은 실패하고 있으며 우리는 그것에 대해 무엇을 할 수 있는가The Bottom Billion: Why the Poorest Countries Are Failing and What Can Do Can Do About It』(Oxford: Oxford University Press, 2007)를 보라. 하지만 앤디 섬너Andy Sumner는 「가난한 사람들은 어디에서 살까?Where do the poor live?」(*World Development*, 40(5), 2012: 865~877)에서 세계의 가난한 사람들 대다수는 현재 중간 소득 국가, 특히 인도와 중국에 살고 있다고 지적한다.

인간 개발 및 빈곤에 대한 데이터세트는 www.worldbank. org, www.un.org, 그리고 www.ophi.org.uk에서 이용할 수 있지만 그 데이터의 많은 것이 얼마나 신뢰할 수 없는 것인지를 알아야 한다. 모르텐 제르벤Morten Jerven의『조악한 수치들: 우

부자 나라들이 가난한 사람들을 도와야 하는가

리는 아프리카 개발 통계에 의해 어떻게 잘못 인도되고 있으며 우리는 그것에 대해 무엇을 해야 하는가Poor Numbers: How We Are Misled by African Development Statistics and What to Do About It』(Ithaca, NY: Cornell University Press, 2013)는 빈곤과 개발에 대한 통계가 분석과 이해를 어떻게 저해할 수 있는지를 자세하게 설명한다. 부자 나라가 글로벌 빈민을 위해 하고 있는 것에 대한 연례 평가를 보고 싶다면, www.cgdev.org에서 개발 약속 지표Commitment to Development Index를 보라.

가난한 사람들을 돕는 것의 윤리에 관한 좋은 책으로는 피터 싱어Peter Singer의 『당신이 구할 수 있는 삶: 세계 빈곤의 종식을 위해 지금 행동하기Life You Can Save: Acting Now to End World Poverty』(New York: Picador, 2009), 토머스 포기Thomas Pogge의 『세계 빈곤과 인권World Poverty and Human Rights』(Cambridge: Polity, 2008), 그리고 딘 차터지Dean Chatterjee가 엮은 『원조의 윤리: 도덕과 멀리 떨어져 있는 궁핍한 사람들The Ethics of Assistance: Morality and the Distant Needy』(Cambridge: Cambridge University Press, 2004)이 있다. 피터 싱어의 「기근, 풍요, 도덕Famine, affluence, and morality」(*Philosophy and Public Affairs*, 1(3), 1972: 229~243)은 여전히 매우 적실성을 지니는 획기적인 에세이이다.

댄 브로킹턴Dan Brockington은 『유명인사 지원단체와 국제 개발Celebrity Advocacy and International Development』(London: Routledge, 2014)에서 포스트-민주주의 이론을 개발과 빈곤에 대한 부자 나라 공중의 태도와 무관심을 설명하는 데 이용한다. 이 포스트-민주주의 이론은 콜린 크라우치Colin Crouch의 『포스트-민주주의Post-Democracy』(Cambridge: Polity, 2004)에서 정교화되었다.

제2장에서 다룬 대외 원조에 관한 문헌은 아주 많다. 대외 원조를 종합적으로 평가하고 있는 것으로는 로저 리델Roger Riddell의 『대외 원조가 정말 효과가 있는가?Does Foreign Aid Really Work?』(Oxford: Oxford University Press, 2007)를 보라. 노련한 '내부자'가 최근에 내린 평가로는 마일스 윅스테드Myles Wickstead의 『원조와 개발: 간략한 소개Aid and Development: A Brief Introduction』(Oxford: Oxford University Press, 2015)를 보라.

제프리 삭스Jeffrey Sachs는 『빈곤의 종말: 우리의 생애 내에 빈곤을 종식시키는 방법The End of Poverty: How We Can Make It Happen in Our Lifetime』(London: Penguin, 2005)에서 대외 원조의 증가가 빈곤 퇴치에서 주도적인 역할을 할 수 있다고 주장한다. 반면 윌리엄 이스털리William Easterly는 자신의 박식함을 보여주는 두 책 『백인의 짐: 나머지 사람들을 돕기 위한 서구의 노력이 그토록 나쁜 영향을 미치고 별 도움이 되지 않은 이유The White Man's Burden: Why the West's Efforts to Aid the Rest Have Done So Much Ill and So

Little Good』(New York: Penguin Press, 2006)와 『전문가들의 전제 정치: 경제학자, 독재자, 그리고 빈민들의 잊혀진 권리The Tyranny of Experts: Economists, Dictators and the Forgotten Rights of the Poor』(New York: Basic Books, 2013)에서 원조가 단지 사소한 역할을 하거나 빈곤을 야기할 수도 있다는 반대 주장을 펼친다.

서로 다른 나라들에서 대외 원조 프로그램이 어떻게 전개되는지를 깊이 있게 이해하고 싶다면, 캐럴 랭커스터Carol Lancaster의 『대외 원조: 외교, 개발, 국내 정치Foreign Aid: Diplomacy, Development, Domestic Politics』(Chicago: University of Chicago Press, 2007)를 보라. 엠마 모즐리Emma Mawdsley의 『수혜자에서 공여자로: 신흥 강국과 변화하는 개발 풍경From Recipients to Donors: Emerging Powers and the Changing Development Landscape』(London: Zed Press, 2012)은 BRICs가 대외 원조에 어떤 영향을 미쳤는지를 탐구한다.

개발에서 NGO들이 수행하는 역할에 대한 논평을 보고 싶다면, 내가 마이클 에드워즈Michael Edwards와 함께 쓴 책 『너무 가깝지 않은가?: NGO, 국가, 그리고 공여자Too Close for Comfort? NGOs, States and Donors』(London: Palgrave, second edition, 2014)를 보라.

제3장으로 넘어가면, 낸시 버드설Nancy Birdsall, 대니 로드릭

Dani Rodrik, 아르빈드 수브라마니안Arvind Subramanian은 사려 깊은 논문 「가난한 나라를 돕는 방법How to help poor countries」 (*Foreign Affairs*, 84(4), 2005: 136~152)에서 부자 나라들은 '원조 그 이상'을 해야 한다고 설득력 있게 주장한다. 대니 로드릭은 탁월한 두 책 『하나의 경제학, 많은 처방: 지구화, 제도, 그리고 경제성장One Economics, Many Recipes: Globalization, Institutions and Economic Growth』(Princeton: Princeton University Press, 2009)과 『지구화의 역설: 글로벌 시장, 국가, 민주주의가 공존할 수 없는 이유The Globalization Paradox: Why Global Markets, States and Democracy Can't Co-exist』(Oxford: Oxford University Press, 2012)에서 국가 정책, 국제 무역, 국제 금융이 가난한 나라와 가난한 사람들의 발전을 어떻게 그리고 왜 제약하는지, 그리고 세계가 어떻게 '건전한 지구화'로 나아갈 수 있는지를 설명한다.

이러한 문제들에 대한 초기의 비판적 탐구는 장하준의 『사다리 걷어차기: 역사적 관점에서 본 개발 전략Kicking Away the Ladder: Development Strategy in Historical Perspective』(London: Anthem Press, 2002)과 『나쁜 사마리안들: 부자 나라, 빈곤한 정책, 그리고 개발도상국Bad Samaritans: Rich Nations, Poor Policies and the Developing World』(London: Business Books, 2007)에서 시작되었다. 이 쟁점에 대한 우파의 논박으로는 디팍 랄Deepak Lal의 『빈

부자 나라들이 가난한 사람들을 도와야 하는가

곤과 진보: 글로벌 빈곤의 현실과 신화Poverty and Progress: Realities and Myths about Global Poverty』(Washington, DC: Cato Institute, 2013)를 보라. 좌파의 맹렬한 반격으로는 존 힐러리John Hilary의『자본주의의 빈곤: 경제 붕괴와 그다음에 오는 것을 위한 투쟁The Poverty of Capitalism: Economic Meltdown and the Struggle for What Comes Next』(London: Pluto Press, 2013)을 보라.

로덴 윌킨슨Rorden Wilkinson은『WTO의 문제와 해결 방법What's Wrong with the WTO and How to Fix It』(Cambridge: Polity, 2014)에서 무역 협상의 현재 교착 상태에서 탈출하는 방법에 대한 매혹적인 제안을 하고 있다. 금융 흐름이 어떻게 빈곤을 초래하는지를 검토하고 있는 것으로는 데브 카르Dev Kar, 레이먼드 베이커Raymond Baker, 톰 카다모어Tom Cardamore의『불법 금융 흐름: 개발도상국이 직면한 가장 해로운 경제 상황Illicit Financial Flows: The Most Damaging Economic Condition Facing the Developing World』(Washington, DC: Global Financial Integrity, 2015)을 보고, 그 데이터를 보고 싶다면 www.gfintegrity.org를 방문하라.

폴 콜리어Paul Collier는『엑소더스: 21세기의 이민과 다문화주의Exodus: Immigration and Multiculturalism in the 21st Century』(London: Penguin, 2014)에서 글로벌 빈곤, 불평등, 대량 국제 이주 간의 관계에 대해 통찰력 있게 분석하고 있다. 이안 골딘Ian Goldin, 제

프리 카메론Geoffrey Cameron, 미라 발라라잔Meera Balarajan은 『특출난 사람들: 이주는 어떻게 우리의 세계를 틀 지었고 우리의 미래를 규정할 것인가Exceptional People: How Migration Shaped Our World and Will Define Our Future』(Princeton: Princeton University Press, 2011)에서 이주의 과거, 현재, 미래를 검토한다.

부자 나라들, 그리고 특히 미국이 가난한 나라들에서 폭력을 줄이고 법 집행과 사법 정의를 향상시키기 위해 훨씬 더 많은 일을 할 수 있음을 상세하게 보여주는 것으로는 게리 하우겐Gary Haugen과 빅터 부트로스Victor Boutros의 『메뚜기 효과: 왜 빈곤의 종식은 폭력의 종식을 요구하는가The Locust Effect: Why the End of Poverty Requires the End of Violence』(New York: Oxford University Press, 2014)를 보라. 크리스토퍼 코커Christopher Coker는 『전쟁은 종식될 수 있는가?Can War Be Eliminated?』(Cambridge: Polity, 2014)에서 글로벌 평화에 대해 학술적으로 평가한다. 그는 낙관적이지 않다.

제4장의 두 가지 테마 중 하나인 기후 변화와 그 영향에 대한 현대의 권위 있는 조사는 정부 간 기후 변화 협의단Intergovernmental Panel on Climate Change: IPCC에 의해 수행되고 있으며, 그 결과물은 『제5차 평가 보고서Fifth Assessment Report(AR5)』로 널리 알려져 있다. 2013년과 2014년에 발표된 네 권의 세부 보고서

가 있지만, 이 요약본이면 대체로 충분하다. 그 보고서들은 www.ipcc.ch/report/ar5에서 이용할 수 있다.

기후 변화와 그 영향을 경제적 측면에서 분석하고 있는 것을 보고 싶다면, 니콜라스 스턴Nicholas Stern의 『우리는 왜 미루고 있는가?: 기후 변화 대응의 논리, 긴급성, 약속Why Are We Waiting? The Logic, Urgency and Promise of Tackling Climate Change』(Cambridge, MA: MIT Press, 2015)을 보라. 나오미 클라인Naomi Klein은 『이것이 모든 것을 바꾼다: 자본주의 대 기후This Changes Everything: Capitalism vs The Climate』(London: Allen Lane, 2014)에서 모든 사람이 극적이고 즉각적인 행동을 취해야 한다고 강력하게 주장한다. 기후 변화는 일어나지 않고 있고 우리는 아무것도 할 필요가 없다는 정반대의 시각으로는 엘런 모런Alan Moran이 편집한 책 『기후 변화: 사실들Climate Change: The Facts』(London: Stockade Books, 2015)을 보라.

제4장의 또 다른 주요 테마인 불평등의 해로운 결과를 이해하기 위한 고전적인 텍스트가 바로 리처드 윌킨슨Richard Wilkinson과 케이트 피킷Kate Pickett의 『정신 수준: 평등은 왜 모두에게 더 좋은가The Spirit Level: Why Equality Is Better for Everyone』(London: Penguin, 2010)이다. 미국에 대해서는 조지프 스티글리츠Joseph Stiglitz의 『불평등의 대가The Price of Inequality』(London:

Penguin, 2013)를 보라.

토마 피케티Thomas Piketty는 『21세기의 자본Capital in the Twenty-First Century』(Cambridge, MA: Belknap Press, 2014)을 통해 불평등을 세계 지적 의제의 맨 위에 올려놓았지만, 685쪽에 달하는 그의 책은 하나의 도전 과제이다. 어쩌면 그의 동료인 프랑수아 부르기뇽François Bourguignon의 『불평등의 지구화The Globalization of Inequality』(Princeton: Princeton University press, 2015)가 '더 공정한 지구화'를 주장하는 글로벌 관점을 취하고 있기 때문에 이 책에 더 적실할 것이다.

불평등에 관한 탁월하고 아주 쉽게 읽을 수 있는 책으로는 브랑코 밀라노비치Branko Milanovic의 『가진 자와 가지지 못한 자: 글로벌 불평등의 간략하고 특이한 역사The Haves and Have-Nots: A Brief and Idiosyncratic History of Global Inequality』(New York: Basic Books, 2011)가 있다. 밀라노비치는 세계 최고의 불평등 측정자이며, 그의 책 『글로벌 불평등: 지구화 시대를 위한 새로운 접근 방식Global Inequality: A New Approach for the Age of Globalization』 (Cambridge, MA: Harvard University Press, 2016)도 읽을 만한 가치가 있다.

피터 싱어의 빼어난 저작 『하나의 세계: 지구화의 윤리학One World: The Ethics of Globalization』(New Haven: Yale University Press,

2002)은 형평성과 지속가능성의 도덕 철학을 요약하고 있다. 제프리 삭스는 『지속 가능한 개발의 시대The Age of Sustainable Development』(New York: Columbia University Press, 2015)에서 윤리적 행위의 틀을 제공하는 하나의 분석적 이론을 통해 이 책에서 제기한 모든 쟁점을 묶어내고자 한다. 하지만 그를 비판하는 사람들도 많다.

마지막으로, 글로벌 개발의 세부적인 측면에 대해 알고 싶다면, 브루스 커리-앨더Bruce Currie-Alder, 라비 칸부르Ravi Kanbur, 데이비드 멀론David Malone, 로힌턴 메도라Rohinton Medhora가 편집한 『국제 개발: 사상, 경험, 전망International Development: Ideas, Experience and Prospects』(Oxford: Oxford University Press, 2014)에 52명의 전문가가 쓴 글들을 보라.

미주

제1장 왜 우리는 멀리 떨어져 있는 가난한 사람들을 걱정하는가

1 2015년 후반 이후 세계은행이 설정한 극빈선은 2011년 구매 가격 기준으로 하루 1.90달러였다. 그 이전에는 극빈선이 하루 1.25달러(2004년 가격)로 설정되어 있었으며, 대부분의 자료는 이를 빈곤선으로 이용한다. 세계은행이 2000년에 원래 설정한 극빈선은 하루 1.08달러였으며, 이는 '1일 달러 빈곤선'이라고 불렸다.

2 ODA에 대한 자료는 OECD의 웹사이트(www.oecd.org)를 보라.

3 세부 항목과 수치에 대해서는 www.cgdev.org/article/commitment-devel opment-index-cdi-2015-results를 보라.

4 Peter Singer, "Famine, affluence, and morality", *Philosophy and Public Affairs* 1(3), 1972: 231~232.

5 이에 대한 포괄적인 보고들과 데이터세트에 대해서는 www.gfintegrity.org 를 보라.

6 Kasper Lippert-Rasmussen, "Global injustice and redistributive wars", *Law, Ethics and Philosophy* 1(1), 2013: 87~111을 보라.

7 나는 이 단체가 '이슬람'도 아니고 '국가'도 아니기 때문에 '이슬람 국가 (Islamic State: IS)'가 아닌 '다에시'라는 명칭을 사용한다.

8 Wojciech Kopczuk, Joel Slemrod and Shlomo Yitzhaki, "The limitations of decentralized world redistribution: an optimal taxation approach", *European Economic Review* 49(4), 2005: 1051~1079.

9 Colin Crouch, *Post-Democracy* (Cambridge: Polity, 2004).

10 Angus Deaton, *The Great Escape: Health, Wealth and the Origins of Inequality* (Princeton: Princeton University Press, 2013).

11 역사적으로 상품 가격은 등락의 '사이클'을 보이는 경향이 있었다. 하지만 최근 중국 경제의 급속한 성장으로 인해 15년 동안 석유, 구리, 금, 철 및 여타 상품의 생산자 가격이 치솟았다. 그 시대는 이제 끝났다.

12 평화 구축과 분쟁 예방이 이 목록에 추가될 수 있지만, 이것들은 이 시리즈 [폴리티출판사의 글로벌 퓨처 시리즈(Global Futures Series)를 말한다_옮 긴이]의 다른 책에서 다루고 있는 방대한 주제이다. Christopher Coker, *Can War Be Eliminated?* (Cambridge: Polity, 2014)를 보라.

부자 나라들이 가난한 사람들을 도와야 하는가

제2장 대외 원조의 한계

1   UN General Assembly Millennium Declaration 2000: 4.

2   저소득 국가는 1인당 연평균 소득이 1045달러 미만인 나라이다. 중하위 소득 국가는 1인당 연간 소득이 1045달러에서 4125달러 사이에 속하는 나라이다.

3   Carol Lancaster, *Foreign Aid: Diplomacy, Development, Domestic Politics* (Chicago: University of Chicago Press, 2007).

4   William Easterly, *The White Man's Burden: Why the West's Efforts to Aid the Rest Have Done So Much Ill and So Little Good* (New York: Penguin Press, 2006), 4.

5   Dambisa Moyo, *Dead Aid: Why Aid Is Not Working and How There Is Another Way for Africa* (London: Penguin, 2010), 26.

6   '네덜란드병'은 한 나라에 외화가 빠르게 유입되면 환율 상승과 제조업(그리고 어쩌면 농업)의 주변화가 초래되고 이것이 경제성장을 저해한다고 상정한다.

7   여기서의 문제는 인과관계와 관련되어 있다. 원조와 성장 또는 원조와 빈곤 감소 간의 정(正)의 관계는 공여자들이 원래 잘나가는 나라에 원조를 배정하는 것에서 기인할 수도 있다. 반대로 부(不)의 관계는 공여자들이 원조가 가장 필요한 곳, 즉 성장이 느리고 인간의 욕구가 절박한 곳에 원조를 배정하고 있다는 것을 의미할 수도 있다.

8   Deaton, *The Great Escape*, 288.

9   Roger C. Riddell, *Does Foreign Aid Really Work?* (Oxford: Oxford University Press, 2007).

10 Nancy Birdsall, Dani Rodrik and Arvind Subramanian, "How to help poor countries", *Foreign Affairs* 84(4), 2005: 136~152.

11 Charles Wolf, Jr, Xiao Wong and Eric Warner, *China's Foreign Aid and Government- Sponsored Investment Activities* (Santa Monica, CA: Rand Corporation, 2013).

12 Birdsdall et al., "How to help poor countries", 136~137.

13 Daron Acemoglu and James Robinson, *Why Nations Fail: The Origins of Power, Prosperity and Poverty* (London: Profile Books, 2012).

14 Paul Collier, *The Bottom Billion: Why the Poorest Countries Are Failing and What Can be Done About It* (Oxford: Oxford University Press, 2007), 123.

제3장 무엇을 할 수 있는가

1 이 표현은 윌리엄 이스털리의 저서 *The Elusive Quest for Growth: Economists' Adventures and Misadventures in the Tropics* (Cambridge, MA: MIT Press, 2001)에서 따온 것이다.

2 Ha-Joon Chang, *Bad Samaritans: Rich Nations, Poor Policies and the Developing World* (London: Business Books, 2007).

3 Angus Deaton et al., *An Evaluation of World Bank Research, 1998–2005* (Washington, DC: World Bank, 2006), 53.

4 Alexander Kentikelenis, Lawrence King, Martin McKee and David Stuckler, "The International Monetary Fund and the Ebola outbreak", *The Lancet Global Health* 3(2), 2015: e69~e70.

5 Robert H. Wade, "What strategies are viable for developing countries today? The World Trade Organization and the shrinking of 'development space'", *Review of International Political Economy* 10(4) (2003): 621~644, 622.

6 Shawn Donnan, "WTO plunged into crisis as doubts grow over its future", *Financial Times*, 1 August 2014.

7 Jagdish N. Bhagwati, *Termites in the Trading System: How Preferential Agreements Undermine Free Trade* (New York: Oxford University Press, 2008), 63.

8 Fair Trade Foundation(www.fairtrade.org.uk), Oxfam(www.maketrade fair.org.uk) 그리고 Cafédirect(www.cafedirect.co.uk)를 보라.

9 Martin Wolf, *Why Globalization Works* (New Haven, CT: Yale University Press, 2004), 206.

10 Terrie Walmsley and Alan Winters, "Relaxing the restrictions on the temporary movement of natural persons: a simulation analysis", *Journal of Economic Integration* 20(4), 2005: 688~726.

11 Jonathon W. Moses, "Leaving poverty behind: a radical proposal for developing Bangladesh", *Development Policy Review* 27(4), 2009: 457~479.

12 Branko Milanovic, *Global Inequality: From Class to Location, from Proletarians to Migrants* (World Bank Policy Research Working Paper, September 2011).

제4장 기후 변화와 불평등

1 IPCC는 5년에서 7년마다 평가 보고서를 발간한다. 『AR5』는 2013년 9월부
터 2014년 11월까지 공개된 네 개의 문서로 구성되어 있다. 가장 좋은 출발
점이 되는 문건은 IPCC, *Climate Change 2014: Synthesis Report* (Geneva:
IPCC, 2014)이다. 모든 보고서와 업데이트 상황은 www.ipcc.ch에서 확인
할 수 있다.

2 IPCC, *Climate Change 2013: The Physical Science Basis*. 이것은 www.
ipcc.ch에서 이용할 수 있다(강조는 원저자).

3 Naomi Klein, *This Changes Everything: Capitalism vs the Climate*
(London: Allen Lane, 2014).

4 Fred Pearce, "Top climate scientist ousted", *New Scientist*, 19 April 2002,
and Julian Borger, "US oil lobby oust climate change scientist", *Guardian*,
20 April 2002.

5 IPCC, *Climate Change 2014: Impact, Adaptation and Vulnerability*; 이것
은 www.ipcc.ch에서 이용할 수 있다.

6 이 자료는 IPCC의 보고서 *AR5*와 Lael Brainard, Abigail Jones and Nigel
Purvis, *Climate Change and Global Poverty* (Washington, DC: Brookings
Institution, 2009)에서 따온 것이다.

7 Clive Spash, "The economics of climate change impacts à la Stern: novel
and nuanced or rhetorically restricted?", *Ecological Economics* 63(4)
(2007): 706~713, 706.

8 Eric Neumayer, "A missed opportunity: the Stern Review on climate
change fails to tackle the issue of non-substitutable loss of natural
capital," *Global Environmental Change* 17(3) (2007): 297~301, 297.

9 Richard Wilkinson and Kate Pickett, *The Spirit Level: Why Equality is
Better for Everyone* (London: Penguin, 2010).

10 Arthur M. Okun, *Equality and Efficiency: The Big Tradeoff* (Washington,
DC: Brookings Institution, 1975).

11 Ben Stein, "In class warfare, guess which class is winning", *New York
Times*, 26 October 2006.

12 Thomas Piketty, *Capital in the Twenty-First Century* (Cambridge, MA:
Belknap Press, 2014).

13 Joseph Stiglitz, *The Price of Inequality* (London: Penguin, 2013), xi.

14 이러한 추세를 거스르고 있는 지역 가운데 하나가 라틴 아메리카이다. 이 지

역에서는 소득 불평등 수준이 매우 높았지만, 2000년 이후 이 지역 대부분의 국가에서 불평등 수준이 낮아지고 있다.

15   Jonathan Ostry, Andrew Berg and Charambos Tsangarides, *Redistribution, Inequality and Growth* (Washington, DC: International Monetary Fund, 2014), pp. 25, 4.

16   Peter H Lindert, *Growing Public: Social Spending and Economic Growth since the Eighteenth Century*, Vols 1 and 2(Cambridge: Cambridge University Press, 2004).

제5장 깨진 약속에서 글로벌 파트너십으로

1   Peter Singer, *One World: The Ethics of Globalization*(New Haven: Yale University Press, 2002).

부자 나라들이 가난한 사람들을 도와야 하는가

찾아보기

책을 옮기고 나서

우리는 요즘 TV에서 굶주림과 질병으로 고통 받고 있는 아프리카 어린아이들의 모습을 비추고 후원을 호소하는 인도주의적 국제 구호단체들의 광고를 자주 접한다. 광고 속 아이의 야윈 몸과 유난히 커 보이는 슬픈 눈망울을 보면서 연민의 정을 느끼고 눈시울을 적시는 사람도 많다. 그러나 그 광고의 후원 전화번호로 전화를 거는 사람을 보기는 쉽지 않다. 주변에서 누군가가 자신이 구호단체의 후원자임을 내비칠 때 우리가 대단하다고 추켜세우는 것은 이러한 현실을 반증한다.

우리는 왜 불행하거나 위험에 처한 사람들을 보고 연민과 동정심을 느끼면서도, 그리고 곤경에 처한 사람을 돕는 것이 인간의 도덕적 임무라고 생각하면서도 그들을 돕는 일에 직접 나서지 않는가? 스테판 메스트로비치는 『탈감정사회』라는 책에서 이처럼 감정과 행위가 분리되는 현상에 대해 설명한다. 그에 따르면, 광고를 통해 우리가 느끼는 연민은 우리가 직접 체험한

부자 나라들이 가난한 사람들을 도와야 하는가

감정이 아니라 매체에 의해 신중하게 가공된 감정이다. 우리는 자발적으로 연민의 감정을 느끼는 것이 아니라 제조된 연민을 '소비'한다는 것이다. 메스트로비치에 따르면, 이러한 간접적 감정은 행위의 동력이 되지 못하는 하나의 '사치품'이 되고 만다. 왜냐하면 이러한 탈감정적인 '죽은 감정'은 '죽은 전류'나 '죽은 신경'처럼 실제로는 존재하지만 감정에 상정되어 있는 기능을 수행하지는 않기 때문이다.

메스트로비치의 이러한 '행위 없는 감정'에 대한 분석은 아주 탁월하다. 하지만 메스트로비치의 분석은 더 잘사는 사람들이 가난한 사람들을 도와야 한다고 역설하는 이 책 『부자 나라들이 가난한 사람들을 도와야 하는가』의 저자 데이비드 흄에게는 절망을 가져다줄 수밖에 없다. 메스트로비치의 분석에 따르면 가난한 사람들에 대한 연민과 동정심, 그리고 책임의식은 궁핍하지 않은 삶을 사는 사람들의 영원한 장식품이 되고 말 것이고, 세계는 흄이 바라는 정의로운 세계가 아니라 더욱 불평등한 세계가 될 것이기 때문이다.

만약 메스트로비치의 분석이 전부라면 독자들은 이 책을 읽는 헛수고를 할 필요가 없을 것이다. 하지만 그렇게 비관적이지만은 않다. 누군가는 구호단체의 광고에 대해 가난과 비참함을 팔고 있다고 비난하지만, 여전히 그러한 광고가 계속되는 것은 아마도 가난한 사람들을 돕는 일을 행동으로 옮기는 사람들이 더 늘어나고 있고 또 그 수를 더 늘리고 싶기 때문일 것이다. 그렇다면 보다 중요한 것은 왜 누구는 연민과 동정심을 단지 순간적으로 소비하거나 '수행'하고, 누구는 그러한 감정을 연대라는 진정한 도덕 감정으로 '승화'시키는가 하는 것이다.

한 사람의 감정이 행위로 이어지지 않는 것은 단지 그 감정이 제조된 감정이기 때문만은 아니다. 사실 감정은 일반적으로 단기적이라는 특성을 지닌다. 특정 감정을 자극한 원인이 눈앞에서 사라지면 그 감정 역시 사라진다. 다시 말해 구호단체의 광고가 끝나면, 그 광고가 유발했던 감정 역시 망각된다. 그리고 그 광고가 거듭되면, 사람들은 가난한 사람에 대한 연민과 동정을 강화하기보다는 불편함을 느낀다. 이른바 '동정심 피로'를 느끼는 것이다.

이러한 동정심 피로는 타자의 고통이 나와 분리되어 있다고 여기는 데서 기인한다. 그 고통이 나와 무관하다는 생각은 그 고통에 동감하기보다는 그 고통을 전이받게 하므로 그 고통을 회피하게 만든다. 그리하여 결국은 고통에 무관심해진다. 반면 그러한 고통을 체험했던 사람의 경우 그 고통은 자신의 가슴으로 파고들어 단순히 동정심을 느끼는 것을 넘어 고통의 현장으로 달려가게 하기도 한다. 가난을 경험한 사람들이 비록 자신이 여유롭지 못하더라도 어려운 사람들에게 도움을 주는 경향이 있는 것은 이 때문이다. 그러나 가난한 사람들을 돕기 위해 꼭 궁핍함을 경험해야 하는 것은 아니다. 자신이 동일한 고통을 경험하지 않았더라도 그 고통이 자신과 직접적 또는 간접적으로 관련되어 있다고 생각하면, 사람들은 책임의식을 느끼게 되고 고통 받는 사람들을 돕는 데 나설 수 있다.

이 책에서 저자 흄은 부자 나라와 부자들이 멀리 떨어진 곳에 사는 알지 못하는 가난한 사람들을 도와야 하는 이유를 설명하면서, 특히 글로벌 빈곤이 나와 무관하지 않음을 보여주기 위해 애쓴다. 특히 그는 현재의 급증하는 글로벌 불평등과 가난한 사람들에게 초래될 기후 변화의 피해가 부자 나라와 부자, 그리고 우리 자신과 어떻게 구조적으로 연관되어 있는지를 밝히고, 나와 무관한 것 같은 가난한 사람들을 돕는 것이 왜 가난한 사람들뿐만 아니라 나를 위한 것인지를 설득력 있게 보여준다.

그러나 이 책에서 흄이 글로벌 빈곤의 구조적 측면을 강조하는 것에서 알 수 있듯이, 그가 단지 인도주의적 빈민 지원을 역설하는 것은 아니다. 흄은 글로벌 개발과 빈곤의 정치경제를 연구하는 전문가답게 기존의 대외 원조가 겉으로는 선 세계의 공동 번영을 표방하면서도 실제로는 가난한 나라와 가난한 사람을 위한 것이 아니라 얼마나 부자 나라와 부자를 위한 것이었는지를 밝힌다. 그렇다고 흄이 대외 원조의 성과를 모두 부정하는 것은 아니다. 그는 그간의 깨진 약속을 실제로 온전히 지킬 수 있는 방안, 즉 지속 가능한 글로벌 파트너십을 구축하기 위한 구체적인 방법을 제시하는 것으로 이 작은 책을 채우고 있다. 일반 독자의 경우 이 책을 통해 주변의 가난한 사람들을 바라보는 시선이 따뜻해졌음을 새삼 느끼게 될 것이고, 개발 전문가와 정책 입안자라면 자신이 외부자가 아닌 내부자의 시선에 더 가까워져 있음을 발견하게 될 것이다.

　이 책으로 옮긴이는 폴리티출판사의 '글로벌 퓨처스' 시리즈 가운데 세 권을 번역하여 출간하게 되었다. 이 책은 앞서 출간된 두 권과 절묘한 조화를 이루고 있다. 『우리는 세계를 파괴하지 않고 세계를 먹여 살릴 수 있는가』에서 에릭 홀트-히메네스가 오늘날 한편에서는 음식 쓰레기가 넘쳐나면서도 다른 한편에서는 왜 그토록 많은 사람이 굶주리는지를 설명한다면, 앤드루 갬블은 『복지국가는 살아남을 수 있는가』에서 불평등한 세계에서 복지국가가 갖는 의미를 따진다. 하지만 복지국가는 항상 일국적이다. 데이비드 흄은 이 책 『부자 나라들이 가난한 사람들을 도와야 하는가』를 통해 글로벌 빈곤과 기후 위기 속에서 우리는 국경이라는 장벽을 넘어 진정으로 공정하고 정의로운 글로벌 사회를 건설하기 위해 무엇을 어떻게 해야 하는지를 고민하고 성찰하게 한다.

아마 독자들이 이 세 권의 책을 함께 읽는다면, 이 세 책이 그리는 현실의 고통에도 불구하고 식량, 빈곤, 복지국가를 연계지어 생각하는 지적 즐거움을 누릴 것이다. 누군가는 이러한 책읽기에 대해서 여유로운 사람들이 고통 받는 사람들을 외면한 채 즐기는 지적 유희라고 비난할 수도 있다. 그러나 우리는 깨달음 없이는 한 발자국도 앞으로 나아갈 수 없다. 왜냐하면 감정 없는 지성이 지식을 '죽은 지식'으로 만든다면, 지성 없는 감정 역시 감정을 '죽은 감정'으로 만들기 때문이다.

2022년 여름의 끝자락
선선한 바람이 창을 넘어 들어오는 날에
박 형 신

지은이

데이비드 흄(David Hulme)은 맨체스터 대학교 개발학 교수이며, 현재 글로벌 개발 연구소(Global Development Institute) 소장이자 효과적인 국가 및 포괄적 개발 연구 센터(Effective States and Inclusive Development Research Centre)의 내표이다. 30년 넘게 농촌 개발, 빈곤 및 빈곤 축소, 소액금융, 개발·환경관리·사회보호에서의 NGO의 역할, 글로벌 빈곤의 정치경제를 연구해 왔다. 주로 방글라데시를 연구해 왔지만, 남아시아, 동아프리카, 태평양에 이르는 광범한 지역도 연구했다. 저서로는 *Global Poverty: How Global Governance is Failing the Poor*(2010), *Just Give Money to the Poor*(2010, 공저), *Challenging Global Inequality: The Theory and Practice of Development in the Twenty First Century*(2007, 공저), *The State of the Poorest in Bangladesh*(2006, 공저) 등이 있다.

옮긴이

박형신은 고려대학교 대학원 사회학과에서 석사와 박사학위를 취득했다. 그간 강원대학교 사회과학연구소 연구교수, 고려대학교 인문대학 사회학과 초빙교수 등을 지냈다. 현재는 연세대학교 사회발전연구소 연구교수로 일하고 있다. 사회 이론, 감정사회학, 음식과 먹기의 사회학에 관심을 가지고 연구를 진행하고 있다. 주요 저서로 『정치위기의 사회학』, 『감정은 사회를 어떻게 움직이는가』(공저), 『에바 일루즈』 등이 있고, 번역서로는 『고전사회학의 이해』, 『은유로 사회 읽기』, 『자본주의의 문화적 모순』, 『탈감정사회』, 『감정과 사회관계』, 『미식가의 자본주의 가이드』, 『자연식품의 정치』 등이 있다.

한울아카데미 2398

부자 나라들이 가난한 사람들을 도와야 하는가

지은이 데이비드 흄
옮긴이 박형신
펴낸이 김종수
펴낸곳 한울엠플러스(주)
편집 신순남

초판 1쇄 인쇄 2022년 8월 30일
초판 1쇄 발행 2022년 9월 15일

주소 10881 경기도 파주시 광인사길 153 한울시소빌딩 3층
전화 031-955-0655
팩스 031-955-0656
홈페이지 www.hanulmplus.kr
등록번호 제406-2015-000143호

Printed in Korea.
ISBN 978-89-460-7398-2 93300(양장)
        978-89-460-8208-3 93300(학생판)

※ 책값은 겉표지에 표시되어 있습니다.
※ 무선제본 책을 교재로 사용하시려면 본사로 연락해 주시기 바랍니다.